Smith Wigglesworth The Secret of His Power

스미스 위글스워스
그 능력의 비밀

Smith Wigglesworth: The Secret of His Power

Copyright © 1982, 1993 by Albert Hibbert
Originally published in English
By Harrison House,
P.O.Box 35035, Tuisa, Oklahoma 74153, USA.
Korean Copyright © 1996 by Grace Publisher

Translated and Published under the Exclusive License
With Harrison House. All rights reserved

본서에 대한 한국어판 저작권은 whitaker House와의 독점계약으로 은혜출판사가 소유합니다.
저작권법에 의해 한국 내에서 보호받는 저작물이므로 무단전재 및 복제를 금합니다.

Smith Wigglesworth The Secret Of His Power

스미스 위글스워스
그 능력의 비밀

알버트 히버트 지음 / 김유진 옮김

::PART 1::

인간
스미스 위글스워스   9

::PART 2::

성령님과
스미스 위글스워스   89

::PART 3::

스미스 위글스워스와
성령으로 인도받는 삶   159

Smith Wigglesworth

::contents::

위글스웟스를 만나다·겸손한 하나님의 사람·위글스웟스의 죽음·겉은 거칠게 보였지만 속은 뜨거웠던 하나님의 사람·단순한 하나님의 사랑·거룩한 하나님의 사람·말씀의 사람·연민과 확신의 하나님의 사람·기도의 사람·하나님의 믿음의 사람·하나님의 사랑의 종·용기와 화평의 사람

평온의 성령님·분별의 영·하나님께 대한 영적 굶주림과 목마름·거룩하신 성령님·겸손의 영·예배와 사역의 영·그림자 권능·손수건 이적·영혼 구원의 영·믿음과 권능의 영

영적전투·성령의 집·믿음의 방패·성령으로 인도받는 사역·위글스웟스의 능력의 나뉘줌

Smith Wigglesworth

::Part 1::

인간
스미스 위글스워스

Smith Wigglesworth

　스미스 위글스워스라는 분을 단순히 아는 것만 아니라 개인적으로도 사귐이 있게 된 것이 내게는 큰 영광이 아닐 수 없습니다.

　서로의 집을 드나들면서 우리는 믿음의 교제를 나눌 수 있었습니다. 그 가정에 드나들면서 사람을 사귀게 되면 우리는 깊이 그 사람에 대해서 알게 되고 올바른 평가를 내릴 수 있게 됩니다.

　여러 목회자들을 볼 때도 강단에서 보았을 때와 그의 가정에서 만났을 때 많은 차이가 나는 것을 보아왔습니다. 강단에서 선 모습만으로 우리는 그분에 대해서 완전히 알 수가 없습니다.

　스미스 위글스워스를 단지 강단에서만 본 사람들은 그가 어떠한 사람인지 잘 알 수 없다고 봅니다. 그가 얼마나 온유한 성품의 소유자인지를 잘 느끼지 못했을 것입니다. 그를 가까이서 지켜봤던 사람들은 종종 그의 눈에서 영혼을 사랑하는 긍휼의 눈물이 한없이 흐르는 것을 볼 수가 있었습니다. 그러나 단 한 번도 공식석상에서는 눈물을 보인적이 없었습니다.

오랄 로버츠 목사님께서는, '나와 나의 동료 전도자들은 위글스워스에게 이루 헤아릴 수 없는 많은 빚을 지고 있다'고 말씀하셨습니다.

위글스워스 목사님은 수많은 사람들을 가르치며 영향을 끼친 뛰어난 믿음의 사도였습니다. 그의 사역을 통해 불기 시작한 부흥은 서에서 동으로, 북에서 남으로 불며 영국 전역을 강타했습니다. 우리는 지금도 그 파장을 여전히 느끼고 있습니다.

스미스 위글스워스와 개인적으로 만나 상담하거나 믿음의 교제를 나눈 사람들은 누구나 변화되었습니다. 그가 사람들의 심령 속에 심어준 것들은 형용할 수 없을 만큼 놀라운 것들이었습니다. 그것들은 직접 경험해 봐야만 설명될 수 있었습니다.

위글스워스는 87세의 나이로 1947년 3월 주님의 품에 안겼습니다. 그러나 그의 사역은 지금도 수백 만의 사람들 속에서 여전히 역사하고 있습니다. 뒤돌아보면 그가 살아 있을 동안 했던 사역보다는 그가 죽은 후에 그의 사역의 결과로 더 많은 일들이 이루어졌습니다.

Part1. 인간 스미스 위글스워스

위글스워스를 만나다

내가 스미스 위글스워스를 만나게 된 것은 하나님의 능력으로 내 병이 완전히 치유되고 난 다음이었습니다.

내가 소년 시절 때 나와 나의 어머니는 영국, 웨스트 요크셔 웨이크 필드 시에 있는 조그마한 선교관에 다녔습니다. 1923년 2월 어느 목요일 밤에 우리는 선교관으로 갔습니다. 그날은 춥고 비가 내리는 날이었습니다.

그날 밤에 일어난 사건들이 얼마나 생생하던지 우리가 선교관에 들어섰을 때 사람들이 하나님께 찬송을 드리고 있었던 것이 기억이 납니다. 독실한 성공회 교인이었으나 개인적으로는 주님을 모르고 있었습니다. 바로 그날 저녁 그 집회에서 어머니는 주님을 진심으로 알게 되셨습니다.

집회를 마치고 집으로 돌아오는 길에 어머니께선 가족들에게 오늘 밤에 구원을 받았다고 간증하셨습니다. 그러나 그 때 우리 가족들은 그 말이 무슨 뜻인지 이해할 수 없었습니다. 석탄 광산에서 일하시던 아버지께서는 성격이 엄격한 분이셨고 위로 형 세 명도 아버지와 함께 광산에서 일하고 있었습니다. 아버지는 동네에서 내놓으라하는 당구 챔피언이셨으며 돈 밖에 모르는 노름꾼이셨습니다. 그런데도 교회에서는 사무관리 겸 교회 종을 울리는 종치기Bell Ringer이셨습니다. 나의 형님들도 교회의 성가대에서 봉사하였습니다. 어머니의 간증을 들으신 아버지께서는 역반응을 보이셨습니다. 다시는 선교관에 가지 말라고 막으셨습니다. 다행히 형들이 우리 편을 들어주었기에 어머니와 나는 선교관에서 집회가 있을 때마다 계속 참석할 수 있었습니다.

 부활절Easter이 가까워질 무렵 나는 몹시 아프기 시작했습니다. 초기에는 그렇게 심각하지 않게 보였습니다. 그러다가 나중엔 심한 폐렴Pneumonia으로 밝혀졌습니다. 그 당시에는 폐렴에 걸리면 백이면 백 다 죽었습니다. 급기야 깊은 혼수상태에 빠져들기 시작했습니다. 나를 진찰해 본 뇌 전문의Brain Specialist는 내가 결코 의식을 회복할 수 없을 것이라고 했습니다. 이것이 그가 이야기할 수 있는 최상의 말이라고 했습니다. 나의 뇌가 심하게 망가져 있으므로 설사 의식이 돌아온다

할지라도 정신적, 신체적으로는 정상적인 생활을 하기에 불가능하다는 진단이었습니다.

인근 마을에서 열리고 있는 부활절 집회에 어머니는 나를 데리고 가셨습니다. 부활절 이브 Easter Saturday엔 내가 혼수상태에 들어간 지 일주일이 되는 날이었습니다. 의사는 내 상태가 급속한 속도로 더욱 나빠져 가고 있다고 했습니다. 덧붙여 오늘을 넘기기가 어려울 것이라고 했습니다. 어머니의 간청에 아버지께서도 기도하러 집회에 오셨습니다. 어머니는 스미스 위글스워스의 친한 친구이자 교회 목사님이신 리처드슨과 집회 강사 중 한 분이신 찰스 버클리를 모시고 집으로 오셨습니다.

이분들이 집에 도착할 무렵, 의사 선생님은 막 집을 떠나려던 차였습니다. 리처드슨 목사님께서 몇 마디 여쭙자 의사 선생님은 내가 한 시간 이상 아니 기껏해야 앞으로 두 시간을 사는 것도 거의 불가능하다고 했습니다.

우리 가족은 모두 내 방에 모였습니다. 어머니를 제외한 모든 가족들은 이제 마지막 순간이라고 생각했습니다. 폐렴으로 죽어가는 나를 가족들은 가까이 와서 보기를 원했습니다. 막내였던 탓에 나는 가족들로부터 온갖 귀여움을 받아왔습니다. 리처드슨 목사님과 버클리 목사님께서 내 방에 들어오셨습니다. 그리고 버클리 목사님께서 나의 가족들에게 말씀을 증거하기 시작했습니다.

"오늘 이 가정에 놀라운 역사a miracle가 일어날 것이라고 하나님께서는 보여주셨습니다. 만약 하나님께서 이 아이를 고치시면 여기 계신 가족들은 무얼 하시겠습니까?" 하고 물으셨습니다.

그때 큰 형이 대답했습니다.

"만약 하나님께서 제 막내 동생을 고쳐 주시면 우리 모든 가족이 하나님을 섬길 것입니다."

버클리 목사님께서 다시 말씀하셨습니다.

"지금 여러분은 사람인 내게 약속하는 것이 아니라 하나님께 약속하고 있다는 것을 아셔야 합니다."

"저희도 알고 있어요."라고 큰형이 대답했습니다.

버클리 목사님께서 말씀하셨습니다.

"기도하십시다. 병 고침의 역사는 당장 눈앞에서 일어날 수도 안 일어날 수도 있습니다. 그러나 당장 안 나타난다 할지라도 절대 낙심하거나 좌절하지 마십시오. 우리가 이 집을 떠나기 전에 하나님께서는 한 가지 표적sign을 우리에게 보여주시겠다고 하십니다."

목사님들이 기도해 주셨습니다. 당장 눈 앞에 나타난 것은 아무것도 없었습니다. 목사님들은 기도해 주러 우리집에 오시는 바람에 오후 집회에 참석할 수가 없었습니다. 그래서 곧장 저녁 집회를 참석할 참이었습니다. 기도를 마친 후 누나가 끓여 놓은 차를 마시려고 모두 아래층으로 내려왔습니다.

내가 혼수상태에 들어가기 전 형들은 내 방 조그만 테이블 위에 닭 모양의 초콜릿을 갖다 놓았습니다. 그때 내게 이상한 일이 일어나고 있었습니다. 점점 의식이 또렷이 돌아오기 시작했습니다. 그리고 엄마를 찾았습니다.

"엄마! 내 초콜릿 어디 있어요?"

하나님께서는 나를 완벽하게 치료하신 것입니다.

모든 가족은 리처드슨 목사님과 버클리 목사님을 따라 집회에 갔습니다. 그리고 우리 가족 모두는 거듭났습니다. 첫 번째로 아버지께서 변하셨습니다. 곧이어 내게 일어난 이 병 고침의 역사로 인하여 57명의 인근 모든 친척이 변화되어 구원을 받게 되었습니다.

할렐루야!

마귀는 내게 일어난 하나님의 역사를 부인하려고 갖가지 방법을 동원하며 다시 접근해 왔습니다. 악성 폐렴에서 치유 받은 지 얼마 안 되어 나는 급성 맹장염으로 다시 쓰러지고 말았습니다.

의사 선생님이 오셔서 아이를 살리고 싶으면 즉시 수술에 들어가야 한다고 하였습니다.

그때 어머니께서는, "지난번 폐렴 때 하나님께서 두 시간 이내에 치료하지 않으셨더라면 이 수술에 동의할 것입니다. 그러나 수술만은 안 됩니다."라고 하셨습니다. 의사 선생님은 그러한 억지 주장을 받아들일 수 없다고 하셨습니다.

어머니는 다시, "그렇다면 두 시간의 여유를 주시겠습니까? 그 동안에 무슨 일이 일어나더라도 제가 책임지겠습니다."라고 말하자 마지못해 의사 선생님은 두 시간 후에 돌아오겠다면서 떠나셨습니다. 두 시간 후에 다시 의사 선생님이 오셨습니다. 그때 나는 평안한 모습으로 잠들어 있었습니다. 다시 한번 하나님의 신유의 역사가 기적적으로 일어난 것입니다.

위글스워스 목사님은 우리 집에서 20마일(32km) 떨어진 가까운 곳에 살고 계셨지만 이전까지 우리는 한 번도 만나본 적이 없었습니다. 내가 병 고침을 받은 지 얼마 지나지 않아서 우리는 서로 만났습니다. 그는 하나님께서 내게 베푸신 모든 일에 대해서 알고 싶어 하셨습니다. 그는 모든 이야기를 다 들으실 때에 그가 병고치는 하나님의 도구로 쓰임 받아왔던 것만큼이나 하나님께서 내게 행하신 일에 대해서 무척 좋아하셨습니다. 그 이후로 그와 우리 가족은 매우 친한 친구가 되었습니다.

겸손한 하나님의 사람

위글스워스는 어떤 신유의 이적과 기사가 나타나더라도 자신을 절대 드러내거나 하나님의 영광을 취하지 않았습니다. 오직 예수 그리스도만 드러냈습니다. 사람들이 자신을 칭찬할 때 그들을 나무라며 자제시켰습니다.

하루는 하나님께서 그에게 말씀하셨습니다.

"위글스워스야, 나는 인간 위글스워스가 더 이상 존재하지 않을 때까지 너를 연단할 것이다. 그리고 난 후 널 통하여 오직 예수만이 나타날 것이다."

위글스워스가 살아있던 동안 그는 실제로 그러했습니다. 그는 결코 자신이 나타나지는 것을 원치 않았습니다. 그와 마지막으로 가졌던 교제를 나는 지금도 잊을 수가 없습니다. 그의 집에서 우린 식탁에 함께 앉아 교제를 나누었습니다. 그가 죽기 일주일 전의 일이었습니다. 그는 눈에 눈물이 고인 채로 나를 바라보면서 이야기를 건네왔습니다.

"자네는 느껴본 적도 가본 적도 없는 새로운 세계로 언제

Part1. 인간 스미스 위글스워스

가는지 아는가? 벌써 내가 87년간이나 살아온 늙은 노인이구먼. 보기에는 그렇게 보이지 않고 또 내가 87살이라고 느껴본 적이 없지만 나이는 숨길 수가 없나보네. 출생 증명서_{Birth Cietificate}엔 내 나이 87살 임이 적혀있지. 내가 어떻게 느끼는가에 상관없이 난 그것을 받아들여야만 하지. 오늘 오스트레일리아, 인도와 실론_{지금의 스리랑카} 그리고 미국에서 집회 요청을 받았다네. 사람들의 시선이 내게 집중되어 있다네."

그리고 난 후 그는 마치 가슴이 찢어져 나가는 것처럼 흐느껴 울었습니다.

"불쌍한 위글스워스, 사람들의 초점이 나에게 쏠리고 있고 나를 기대하고 있다고 엉뚱한 생각을 하다니! 하나님은 결단코 그분의 영광을 다른 이에게 주지 않는 분이시지. 그래서 그는 날 데리고 가실 것일세."

이 말을 듣고 나는 생각했습니다.

오 하나님, 만약 이 위글리스워스같은 하나님의 사람이 주님께만 영광 돌리는 것에 실패했다면 저는 과연 어떠한지요?

위글스워스의 죽음

그 후 이틀이 지나서 우리 교회 목사님이신 리처드슨 목사님께서 주님의 품에 안기셨습니다. 위글스워스의 집을 방문한 지 일주일 되던 날 리처드슨 목사님의 장례식이 교회에서 집행되었습니다. 세 명의 형들과 나는 목사님의 관을 운반하는 일을 부탁받았습니다. 우리는 사람들이 꽉 차있는 교회의 제일 앞줄에 나란히 앉았습니다. 위글스워스가 들어올 때 모든 사람들의 시선이 그에게 쏠렸습니다. 그는 맞은편 앞줄 의자에 앉기 위해 가운데 복도를 걸어들어왔습니다. 나의 아버지께서도 예배 순서 중 하나를 맡으셨기 때문에 강단 옆 예복을 입는 사무실에 와 계셨습니다. 아버지는 자리에서 일어나 오시는 것을 계속 지켜보고 계셨습니다. 그는 87세의 노인으로 보이기보다는 마치 60세 정도밖에 안 된 사람이 걷는 것처럼 보였습니다.

사무실 안에 들어오셨을 때 아버지에게 가볍게 입맞춤으로 인사하시고 지난번에 아팠던 누나에 대해 물어오셨습니다. 아버지가 대답하려는 순간 위글스워스는 갑자기 앞으로 쓰러지셨습니다. 엉겁결에 아버지께서는 그를 부축하기 위해 그의 팔을 꼭 지탱해 드렸습니다. 그리고 천천히 바닥에 앉으시도록 도와드렸습니다. 그러나 위글스워스는 이미 주님의 품으로 가고 말았습니다. 그날 장례식을 집전한 제임스 솔터가 사무실에서 나와서 사람들에게 이 소식을 알렸습니다.

"나의 장인어른께서는 지금 막 소천하셨습니다."

그날은 1947년 3월 12일이었습니다. 그 자리에 참석한 사람들은 모두들 놀라서 당황해 하였습니다. 바로 조금 전까지만 해도 그가 강단 옆 사무실로 들어가시는 것을 보았기 때문입니다. 그는 병도 없이 고통도 없이 영원한 집으로 간 것입니다.

그 후 내가 잘 아는 의사 한 분을 교회로 모셨습니다. 그의 몸을 진찰해 보더니, "너무나도 잘 보존된 인간의 육체입니다. 병이나 질병으로 앓은 흔적이 전혀 없습니다. 소천하신 이유를 발견하기는 어렵군요. 마치 일꾼이 밖에서 일하다가 들어와서 코트를 벗고 쉬려고 누워 있는 사람과 같다고나 할까요."

나는 그의 표현이 매우 적절하다고 생각합니다.

법에 의하면 의사는 장례를 치르고 묻기 전에 사망원인을 분명히 밝히기 위해 반드시 검사를 해야 했습니다. 그러나 이번만은 예외가 되었습니다. 법대로 모든 과정을 밟아 나가야 했지만 법도 손을 못 댔습니다. 지금까지 내가 아는 바로는 이런 예는 그 이전에도 이후에도 없었던 일이었습니다.

그때 나는 위글스워스가 그의 아내에게 했던 말이 생각났습니다.

"내가 살아있는 동안이나 죽은 후에라도 절대로 내 몸에 칼을 대지 마시오."

영국 브래드포드에서 배관공으로서 비지니스를 하고 있을 때 그는 급성맹장에 걸렸습니다. 그의 아내는 의사를 불렀고 의사는 위글스워스에게 당장에 수술을 해야 된다고 했습니다. 위글스워스는 이를 거절했고 의사는 계속 왕진을 다니기 위해 나갔습니다. 그러나 의사는 걱정되어 위글스워스를 검사해 보러 되돌아 왔습니다.

위글스워스의 아내는 의사에게 남편이 비지니스를 막 개업했기 때문에 외출하고 없음을 알렸습니다. 이 말을 들은 의사는, "글쎄요. 아마 시체가 되어 사람들에게 실려서 되돌아 올 것입니다."라고 했습니다. 그러나 반대의 현상이 일어났습니다.

하나님께서 그를 깨끗하게 치료하신 것입니다.

그는 절대로 자기 몸에 칼을 대게 하지 않겠다고 결심했습니다. 그러나 이것은 죽고 난 후에는 별개의 문제가 됩니다. 그런데 어떻게 그러한 결단을 할 수가 있었을까요? 바로 믿음으로 이야기한 것입니다. 그래서 그가 이야기한대로 그는 비록 죽었다 할지라도 어느 누구도 그 몸에 칼을 댈 수 없었습니다.

그가 이러한 결심을 한 후 한번은 시험대 위에 올라간 적이 있었습니다. 이러한 결심은 반드시 테스트를 받게 됩니다. 그가 풀 타임 사역자로 나선 후 담석증으로 심하게 앓게 되었습니다. 그의 속옷은 언제나 피로 얼룩진 채 병자들에게 신유 사역을 계속 감당해 나갔습니다. 많은 사람들의 병이 낫기 시작했습니다.

그는 주님께 기도했습니다.

"주님께서는 저도 역시 치료하실 수 있습니다. 저는 수술하지 않겠습니다. 치료해 주시옵소서."

그러자 증세가 가라앉기 시작했습니다. 때가 되자 돌들이 몸 밖으로 빠져나가기 시작했습니다. 완전히 치료받은 것입니다.

위글스워스 묘지 옆에서 다른 사람들과 같이 서 있을 때 가정전도부서Home Mission Bureau를 담당하고 있는 한 전도자가 내게 물어 왔습니다.

"알버트, 우린 어떻게 하지?"

그의 목소리는 체념과 비애로 가득 차 있었습니다.

모든 희망이 마치 이 하나님의 사람과 같이 매장되어 버린 듯했습니다. 나는 대답해 주었습니다.

"나는 계속 전진할 걸세. 자네는 어떤가?"

하나님께서는 우리가 스미스 위글스워스를 흉내 내는 것

을 원치 않으십니다. 그는 오직 한 분입니다. 그는 많은 방면에 독특한 점이 있었습니다. 그러나 하나님은 우리가 우리이기를 원하십니다. 하나님의 크신 뜻 아래서 우리는 그가 원하시는 모습으로 쓰여져야 합니다. 지금의 우리 모습과 앞으로 하나님 안에서 다듬어질 우리의 모습은 비교가 안 될 만큼 엄청난 차이가 나게 될 것입니다. 우리가 대가를 지불하기만 하면 위글스워스가 적재적소에서 하나님께 쓰임 받은 것처럼 우리도 지금 처해있는 환경 속에서 효과적으로 하나님께 쓰일 것입니다.

겉은 거칠게 보였지만 속은 뜨거웠던 하나님의 사람

위글스워스는 하나님의 성령의 감동에 예민했습니다. 남자로서 외적으로는 다듬어지지 않은 부분 때문에 그의 말이나 행동이 거칠게 보일 때도 있었습니다.

어느 날 나의 숙모님이 배가 아파서 그에게 기도를 부탁하러 갔습니다. 그는 숙모님의 배에 펀치를 하나 날렸습니다. 숙모님은 놀라서 소리를 질렀습니다. 그러나 그의 손이 닿는 순간 복통은 떠나가고 말았습니다. 외적으로는 거칠게 보이는 이러한 행동으로 인하여 병이 더 악화되거나 역효과를 본 사람은 하나도 없었습니다. 오히려 모두 그 반대의 현상이 일어났습니다.

그의 이와 같은 행동을 이해하고 받아들인 사람들은 거의 병에서 고침을 받았습니다. 위글스워스는 예수를 신실하게 믿는 성도님들에게만 이런 방식으로 기도해 주곤 했습니다. 만일 그런 경우가 아니라면 위글스워스의 그러한 행동은 큰 불상사를 초래했을지도 모릅니다.

위글스워스는 그가 왜 그러한 행동을 하는지에 대해서 질문을 받은 적이 있었습니다.

"저는 사람을 친 것이 아니라 그 속의 마귀를 친 것입니다."

그는 모든 병을 마귀에게 속한 것임을 확신하고 있었습니다. 그는 종종 이렇게 이야기하곤 했습니다.

"마귀를 상냥하게 다룰 수는 없습니다. 그래서 그 사람을 편안하게 해 줄 수가 없습니다. 마귀는 편안하게 대해주는 것을 좋아하기 때문입니다."

많은 신학자들은 이에 대해 위글스워스의 말에 동의하지 않을지도 모릅니다. 그러나 동의하지 못하는 그들도 자신들의 이론을 뒷받침할만한 명백한 증거를 내놓지도 못했습니다.

위글스워스는 마귀를 실존으로 인식했습니다. 그리고 그를 지배하고 다스릴 수 있는 권세를 당당히 행사했습니다. 독특한 그의 행동이 바로 이 권세를 표현하는 방법이었습니다.

우리는 행함있는 믿음에 대해서 많이 들어왔습니다.

행함있는 믿음이란 정확하게 말해서 무엇을 의미하는 것일까요? 질문을 던지는 이유는 어떤 사람들은 자기 생각대로 믿고 자기 생각대로 행하는 것을 행함이 있는 믿음으로 여기는 것을 많이 보아왔기 때문입니다. 그러나 그 결과는 정반대로 끝나 버리고 결국은 하나님께 영광도 돌리지 못하고 맙니다.

위글스워스가 성경대로 믿고 행한 것처럼 우리도 믿음 안에서 살기 원한다면 우리는 위글스워스와 같이 말씀을 믿고 행해야 할 것입니다.

실생활에서는 믿음으로 살지 못하면서 그저 입으로만 행함있는 믿음을 강조한다면 결국 말로서만 끝나고 말 것입니다. 나는 지금껏 이런 경우를 너무나 많이 보아왔습니다.

위글스워스는 하나님의 자녀는 그리스도의 보혈로 말미암아 마귀를 이길 권능을 가지고 있다고 주장합니다. 이것은 하나님의 자녀로서 항상 승리하는 삶을 이끌어 줍니다.

또한 그는 항상 거룩함을 절대적으로 유지하고자 몸부림쳤습니다.

위글스워스는 사역적인 면에서는 직선적이었습니다.

자신이 한 말에 대해서 그는 변명하지 않았습니다. 내가 참석했던 어느 집회에서 있었던 일입니다.

전에 한번 위글스워스에게 방언통역을 받은 적이 있었던 어느 자매님이 그의 앞에서 방언으로 기도하기 시작했습니다. 이 자매님이 이번에 하는 기도는 성령님의 크신 감동으로 하는 것이 아님을 알게 된 위글스워스는 퉁명스럽게 말했습니다.

"자리에 앉으세요 자매님. 지금하는 방언 기도는 성령님의 감동으로 하는 것이 아니라 자매님 뜻대로 하고 있군요."

위글스워스는 진리를 사랑한 사람이었습니다.

나는 여기서 그의 행동과 성경만을 고수하는 그의 생활을 좀 더 이야기하고 싶습니다.

그는 어떤 일에 대해서 결코 과장되게 이야기하지 않았습니다. 전도 집회의 경우 집회를 통해 얻은 회심자의 수와 병고침 받은 자의 수를 과장하여 보고하는 경향이 있습니다. 그러나 위글스워스는 항상 과장이 없이 집회에 참석한 정확한 숫자를 보고하였습니다.

그가 말한 것은 100% 진실이었습니다.

한번 약속하면 꼭 그것을 지켰으며 만일 약속을 못 지킬 것 같으면 아예 약속을 하지 않았습니다.

매 집회 때마다 사람들은 위글스워스가 완전히 성령에

사로잡혀서 집회를 인도하고 있는 것을 쉽게 볼 수가 있었습니다. 부활절 때마다 영국 프레스톤에서 특별집회가 있었습니다.

이 집회는 그 당시 영국에선 가장 큰 대중 집회가 되었습니다. 항상 전 세계를 누비며 집회를 하던 위글스워스도 이때만은 꼭 프레스톤에 특별집회에 참석하려고 노력했습니다. 그리고 항상 이 집회의 주 강사로 설교하였습니다. 다른 강사들은 딱딱한 분위기를 자아낼까봐 그럴싸한 주제에 대해서만 설교를 했습니다. 그러나 위글스워스는 사람들의 시선을 자기에게 모으려고만 하지 않았습니다.

오직 자기를 통하여 주님만 드러내려고 했기 때문에 그가 강단에 설 때마다 놀라운 성령의 역사가 일어났습니다.

기독교회가 지금까지 인본주의를 중심으로 해왔기 때문에 이 세상에 충분한 영향력을 미치지 못했습니다. 스미스 위글스워스는 항상 이점에 대해서 말하곤 했습니다.

그는 이점에 대해 골로새서 1장 17-19절을 언급하였습니다.

"또한 그가 만물보다 먼저 계시고 만물이 그 안에 함께 섰느니라 그는 몸인 교회의 머리시라 그가 근본이시요 죽은 자들 가운데서 먼저 나신 이시니 이는 친히 만물의 으뜸이 되려 하심이요 아버지께서는 모든 충만으로 예수 안에 거하게 하시고" 골 1:17-19

위글스워스는 외적으로 거칠게 보였을지 몰라도 속으로 유별나게 정이 많았던 사람입니다. 여러 문제로 인하여 기도 요청하는 수천 명의 편지를 읽을 때마다, 그의 얼굴에 눈물이 비 오듯 쏟아지곤 했습니다. 그가 죽기까지 싫어했던 죄로 인하여 생긴 문제들을 보며 애통해하곤 했습니다.

그는 문제들을 일으키는 요인으로서 죄를 인식하는 것이 그가 능력 있는 사역을 감당할 수 있었던 비결 중의 하나입니다.

죽은 나사로가 살아난 사건을 예로 들어봅니다.

예수님은 그가 '죽은 나사로야 나오라'라고 소리치면 이 생명력 있는 부활의 외침에 썩어가는 육체도 응답할 것이라는 것을 아셨음에도 불구하고 왜 나사로의 무덤에서 우셨을까요?

주님은 나사로가 죽은 지 사흘이 되어서 썩어 풍기는 냄새는 죄의 참상임을 아셨기 때문입니다. 그리고 무덤 주위에 있는 자들도 죄로 인하여 저렇게 될 수밖에 없음을 아시고 이 때문에 우신 것입니다.

왜 예수님께서 갈보리 언덕으로 가실 때 울면서 따라오는 여자들을 보시며, "나를 위하여 울지 말고 너희와 너희 자녀를 위하여 울라" 눅 23:28고 하셨을까요?

주님은 죄로 인하여 무엇이 왔으며 그 죄가 지금 어떻게 역사하는 지를 잘 아셨기 때문입니다. 이를 깨달은 스미스 위글스워스도 예수님처럼 사람들이 문제를 가지고 올 때마다 죄의 참상 때문에 함께 울곤 했습니다.

단순한 하나님의 사랑

위글스워스는 큰 부자가 될 수도 있었습니다. 그러나 그가 가진 모든 것을 절대 자기의 것으로 여기지 않았습니다. 그는 자신과 자신이 소유한 모든 것이 주님의 것이라고 여겼습니다. 그는 사업으로 모은 돈이 많았지만 궁궐 같은 호화로운 저택에서 살지 않고 대신에 영국 요크셔 브래드포드에 있는 조그만 석조 집에서 사는 것을 택했습니다. 그 집은 언제나 하나님의 임재하심을 느낄 수 있었습니다. 그래서 나는 항상 그 집 방문하는 것을 좋아했습니다. 그것은 마치 하나님의 성전에 가는 것 같았고 하나님의 영광의 구름 속으로 들어가는 것 같았습니다.

그는 사역을 통하여 전 세계 수많은 영혼들에게 하나님의 축복을 전달했을 뿐 아니라 해외 선교를 위해 많은 물질로 섬기기도 했습니다.

그가 가진 재산을 하나님 사업을 위해서라면 아낌없이 드렸습니다. 특히 그가 관심 갖고 있던 콩고 선교팀에게 아낌없이 투자했습니다.

이 콩고 선교에는 그의 딸 앨리스와 사위 제임스 솔터 부부가 선교사로 활약했습니다. 사실 솔터와 버튼은 이 선교팀의 창시자이며 오늘날 콩고에 4,000교회를 세우는 초석이 되었습니다.

위글스워스는 실질적인 사람이었습니다.

매우 쌀쌀하게 비가 내리는 어느 날 오후 그의 집을 방문하고 막 떠나려고 할 때였습니다. 내게 두 손을 얹고 축복 기도해 주고 나서 그는 내게 말했습니다.

"외투 단추를 잠그게. 목 칼라도 바로 세우고. 이 육체를 잘 돌봐야 한다네. 육체는 자네 것이 아니라, 바로 주님의 것이네. 주님이 주신 것을 잘 관리해야만 그날에 주님께 할 말이 있지 않겠나."

위글스워스는 병 고침을 받고도 여전히 육체가 좋아하는 대로 살다가 또 다시 병들어서 주님께 치료해 달라고 떼쓰는 사람들을 싫어했습니다. 그들의 어리석으므로 다시 병든 사람들에겐 아무런 동정심도 갖지 않았습니다.

그리스도인으로서 단정치 못한 모습은 하나님의 영광을 가린다고 생각했던 위글스워스는 항상 단정한 차림이었습니다.

불경기 때에는 사람들이 이러한 위글스워스를 비난하기도 했습니다. 그러나 그가 풀 타임 사역을 감당하기 위해 그의 배관공사 사업을 그만둘 때 그는 하나님께 기도했었습니다.

"주여! 내게 돈이 없어서 구두를 못 사신거나 옷을 못 사입을 때 그때는 다시 옛날 하던 사업으로 되돌아갈 것입니다."

만일 어떤 사람이 하나님을 진심으로 신뢰한다면 그는 절대로 무엇을 달라는 기도를 할 필요가 없다고 믿었습니다. 왜냐하면 하나님께서 친히 우리의 필요를 채워주시고 돌봐주심을 믿기 때문입니다.

위글스워스는 하나님께로부터 이점에 대해서 증거를 받았습니다. 그는 단 한 번도 먹을 것 입을 것에 대해 구하지 않았습니다. 부양할 가족이 있음에도 배관공사 사업을 하러 되돌아간 적도 없었습니다. 그는 항상 주시되 부족함이 없이 후히 주시는 하나님에 대해 자랑했습니다. 그 풍족함이 그에게도 넘쳤지만 그로 인하여 다른 이들에게까지도 넘치게 하시는 하나님을 자랑했습니다.

이것이 바로 위글스워스의 모습이었습니다.

거룩한 하나님의 사람

스미스 위글스워스는 크리스천은 그의 성질에 지배되어서는 안 된다고 믿었습니다. 많은 사람들은 그들의 성내는 것에 노예가 되어 있습니다. 위글스워스도 한때는 이런 감정에 치우친 적이 있었습니다. 이 문제점을 고치기 위해서 완전히 자신의 감정이 사라질 때까지 오랜 시간 동안 그는 하나님 앞에 기도했습니다. 그래서 옛 사람이 나오려고 할 때마다 자기를 부인하고 행동할 수 있게 되었습니다. 어떤 환경에 민감하게 반항적인 반응을 하지 않고 어떤 형편과 상황에 처하든지 평강을 유지할 수 있게 되었습니다.

아무리 사람들이 그 앞에서 비판하고 핍박해 오더라도 절대로 같이 성내면서 대꾸하지 않았습니다.

사역자가 짧은 휴가를 갖는 것조차 세상적인 것으로 간주하였으며, 많은 크리스천들로부터 비판을 받았던 시대에 살면서도 위글스워스는 이에 대해서 한 번도 비판해 본 적이 없습니다. 그는 '세속화Worldline-ss란 하나님을 향한 우리의 열정을 식히는 것'이라는 요한 웨슬리의 정의를 다른 이론보다 더 따랐습니다.

영적 삶을 최우선 순위에 두었던 위글스워스는 세상의 때에 묻지 않으려고 했습니다. 그에게 신문을 읽는지 안 읽는지를 물어본 적이 있었습니다. "어깨너머 헤드라인을 본 적은 있어도 읽진 않습니다."라고 했습니다.

그래서 왜 읽지 않는지를 물었습니다. 그가 신문을 믿지 않아서 일까요? 그 이유가 아니라 그는 신문 읽을 시간조차 없었다고 했습니다. 하나님의 말씀을 읽으면 진리 전체를 얻는 것이며 확신까지 얻을 수 있는데 부분적인 진리만을 제공하는 신문을 읽기 위해 무엇 하러 시간을 소비하느냐는 것이었습니다. "하나님의 말씀은 인간의 말보다 더 믿을만하고 신뢰할 수 있습니다."라고 그는 이야기하곤 했습니다.

하나님께 전적으로 굴복해야 한다는 것이 위글스워스의 믿음이었습니다. 그는 또, "종종 우리는 스스로 옛 사람을 길들이려고 노력합니다. 그러나 인간의 힘으론 불가능합니다. 하나님께 전적으로 맡기고 순종하기만 하면 하나님께서 하실 것입니다."라고 했습니다.

예수님께서는 우리에게 성공을 위한 확실한 법칙을 주셨습니다.

> "말씀하시되 나를 따라오라 내가 너희를 사람을 낚는 어부가 되게 하리라 하시니" 마 4:19

'나를 따라 오너라' 이 말은 '나와 같이 되라' '나를 닮으라'를 의미합니다. 이것이 위글스워스가 행하던 것을 끝까지 완성시킬 수 있었던 요인입니다. 고린도에 있는 크리스천들에게 다음과 같이 담대하게 바울은 썼습니다.

"내가 그리스도를 본받는 자가 된 것 같이 너희는 나를 본받는 자가 되라" 고전 11:1

어떤 회의론자The skeptic들은, "이 교만한 사람! 대체 자기를 무엇으로 생각하는 거지?" 하고 소리지를지 모릅니다. 그러나 바울의 그러한 행동과 말이 비평을 받아 본 적이 지금까지 없습니다. 어떤 비평의 여지조차 존재하지 않았습니다.

스미스 위글스워스는 정규 교육을 받지 못했습니다. 7살 때 그는 방앗간에서 일하도록 보내졌습니다. 하루에 12시간 내지 14시간씩 일하는 그에게는 학교 가서 공부할만한 기회를 가질 수가 없었습니다. 그가 읽고 쓸 수 있었을 때는 바로 26살이 되던 해였습니다. 바로 그의 아내가 가르친 것입니다.

위글스워스와 그의 아내는 브래드포드에 있는 보울랜드 거리에서 전도활동을 시작했으며 그의 아내는 설교를 맡았습니다. 위글스워스는 설교를 제외한 하찮은 일만 도맡아서 했습니다. 그러나 성령을 받은 후엔 그는 완전히 딴 사람이 되어 있었습니다. 입이 열리어 설교를 할 수 있게 된 것입니다.

어느 날 밤 위글스워스가 설교하는 것을 본 아내는 막 울기 시작했습니다.

"저기 서 있는 사람은 내 남편 스미스가 아니야!"

옛사람 스미스 위글스워스는 어디론가 사라져버린 것입니다. 이제 그의 말에서는 주님만이 나타났습니다.

위글스워스의 아내 이름은 마리아 제인이었지만 그녀의 애칭인 '폴리'를 다정스럽게 더 많이 불렀습니다. 1913년 새해 첫날 폴리는 약속된 집회를 인도하기 위해서 여행을 시작했습니다.

그런데 여행 중에 갑자기 폴리가 죽게 되었습니다. 그녀의 시체는 집으로 운반되어 왔습니다. 위글스워스의 요청에 따라 시체는 그녀의 방으로 옮겨졌으며 침대 위에 눕혀졌습니다. 그녀의 시체를 운반한 사람들이 떠나자 스미스는 문을 닫았습니다. 그리고 예수 그리스도의 이름으로 죽음을 꾸짖고 그녀에게서 떠나라고 명했습니다.

그러자 그의 아내가 두 눈을 뜨는 것이었습니다. 그녀는 남편을 똑바로 쳐다보며 말했습니다.

"스미스, 왜 저에게 이렇게 했어요?"

"폴리, 난 당신이 필요하다오."

"스미스, 이 땅에서 내가 해야 할 일들은 이젠 다 끝났어요. 지금 하나님께선 나와 같이 있기를 원하십니다."

그들은 얼마 동안 서로 이야기를 나누었습니다. 그리고나서 위글스워스는 아내에게 말했습니다.

"이젠 됐어요. 이제 가도 좋아요."

그녀는 다시 베개를 베고 누웠습니다. 그리고 주님 품으로 다시 갔습니다. 위글스워스는 아내가 자신과 같이 있기보다는 하나님과 함께 있는 것이 주님의 뜻이라면 기꺼이 그렇게 순종할 수가 있었습니다.

스미스 위글스워스는 주님을 참으로 사랑했습니다. 그리고 주님을 닮고자하는 뜨거운 열정이 있었습니다.

마태복음 5장 6절 설교 중에 그가 말했습니다.

"의에 주리고 목마른만큼 우리를 하나님 앞으로 가까이

나아가게 하는 것은 없습니다. 만일 우리 마음에 여전히 죄가 가득 차 있다면 우리는 믿음의 기도를 드릴 수가 없습니다. 청결Purity만이 믿음에 필수조건입니다. 하나님의 계획을 위해서 여러분의 온 마음과 목숨을 다할 때, 여러분이 거룩함을 간절히 사모할 때, 청결하려고 참으로 원할 때, 그때만이 생명의 성령의 법이 사망과 저주의 법에서 여러분을 해방시킬 수가 있는 것입니다."

스미스는 거룩했습니다. 그러나 그가 아무리 거룩하다고 해도 그는 사람 이상을 초월할 수는 없는 것입니다. 그는 언제나 그가 가진 모든 것과 그 자신은 다 하나님의 것이라고 주장했습니다.

또한 하나님께서는 신유도 허락하시지만, 건강도 주실 수 있음을 믿었습니다. 그의 믿음대로 하나님께선 그에게 건강을 주셨습니다.

그를 비판하던 사람들은, "하나님이 주시는 거룩한 건강Divine Health이 있다고 믿는 위글스워스가 왜 안경을 쓰고 다니냐?"고 비판했습니다.

이에 대한 대답을 정직하게 이야기한다면 저도 잘 모릅니다. 위글스워스는 테도 없는 구식 안경_{안경을 귀에다 맬 수 있게 만듦}을 가지고 있었습니다. 코 위에 올려 놓으면 그런대로 잘 맞아서 글을 읽을 수가 있었습니다. 그러나 그 안경은 코에서 쉽게 떨어졌습니다.

그는 안경이 땅에 떨어지지 않도록 안경에 끈을 매어 옷에 매두었습니다. 나는 종종 그가 안경을 코 위에 올려놓고 글을 읽는 것을 보았습니다. 그러나 안경이 코에서 떨어져도 다시 그것을 집어다가 코에 올려놓지 않고 그냥 맨눈으로 계속해서 글을 읽어내려가는 것을 가끔 볼 수가 있었습니다. 안경은 옷에 매여 있는 끈에 그냥 달린 채로 계속 글을 읽었던 것입니다.

81살 때에도 손상됨이 없이 완벽하게 보존된 건강한 이를 갖고 있었습니다. 어느 스위스 치과의사는 이것은 분명히 가짜든지 사기일 것이라고 믿고 이를 밝히기 위해서 위글스워스를 만났습니다. 그리고 이를 좀 보여달라고 했습니다. 이를 본 순간 치과의사는 여지껏 살아오면서 위글스워스 나이에 이렇게 완벽한 이를 본 적이 없다고 말할 수밖에 없었습니다.

　사람들은 위글스워스의 가장 큰 약점은 그의 문법이라고 이야기합니다. 맞습니다. 그의 문법은 그다지 높은 수준의 것은 아닙니다. 그러나 그는 하나님으로부터 강력한 성령의 기름부음을 받았습니다. 개인적으로 생각하건대 그의 문법에 어떤 문제점이 있다고는 생각지는 않습니다. 성령의 기름부으심에는 문제가 있을 수 없기 때문입니다. 성령의 기름부으심이 임하시면 약한 것이 강한 것으로 변합니다.

　위글스워스는 한 사람이 하나님께 완전히 굴복하기만 하면 하나님께서 어떠한 일을 이루실 수 있는가를 보여준 사람입니다.

　정규 교육을 받지 못했어도 하나님의 기름부으심으로 일할 때 기름부음이 없이 교육만 받은 사람들이 할 수 있는 일보다 훨씬 더 많이 하나님의 일을 할 수 있습니다. 하나님의 기름부으심은 사람을 완전히 변화시킵니다.

　마태복음 14장에는 한 어린 소년이 자신이 가지고 있던 모든 것이었던 떡 5개와 물고기 2마리를 드린 이야기가 나옵니다. 그 소년은 자기가 가진 것 전부를 드렸습니다. 주님께서는 그것을 가져오게 하시고 떡 5개와 물고기 2마리를 가지사 하늘을 우러러 축사하시고 떡을 떼어 무리에게 주니 다 배불리 먹고 남은 조각을 12바구니에 차게 거두었으며 먹은 사람은 여자와 아이 외에 남자만 5천 명이나 되었더라고 하였습니다.

여기서 무슨 일이 일어났습니까?

소년이 자기가 가진 모든 것을 드리니 5천 명의 장정과 여자와 아이들 모두를 먹일 수가 있었습니다.

스미스도 그가 가진 전부를 주님께 온전히 드렸습니다.

심지어 그가 가진 문법적인 문제까지도 주님께 온전히 맡겼습니다.

한 번은 그가 대학 졸업생에게 편지를 썼습니다. 그리고 그 다음날 서로 만나게 됐을 때 그가 위글스워스에게, "당신은 편지에 성령님The Holy Spirit의 철자가 일곱 군데나 서로 다르게 쓰셨더군요."라고 하자 위글스워스는, "하나님 감사합니다. 제가 부족하지만 사람들이 잘 이해할 수 있도록 도와 주셔서 참 감사합니다."라고 기도드렸습니다.

여러분은 훌륭한 문법을 구사할 수도 있을 것입니다. 그러나 그것으로 무엇을 할 수 있을까요? 우리가 가진 지식으로 무엇을 할 수가 있겠습니까? 위글스워스는 그가 가진 전부를 온전히 하나님께 드렸습니다. 우리가 천국에 가면 하나님께서 그를 통하여 이루셨던 것을 볼 수 있을 것입니다.

말씀의 사람

위글스워스의 삶과 그의 사역에 가장 큰 영향을 끼친 두 가지 요소가 있습니다. 첫째는, 그가 하나님의 말씀에 열정적인 사모함을 가진 것입니다. 둘째는, 하나님의 말씀에 대한 강력한 확신을 가진 것입니다. 위글스워스는 어떠한 문제가 발생하더라도 말씀에 의지하여 해결하고자 했습니다. 그가 맹장수술을 거절할 때에도 성경 말씀에 기꺼이 목숨을 건 것입니다.

시편 기자는 다음과 같이 이야기 합니다.

> "내가 주의 법을 어찌 그리 사랑하는지요 내가 그것을 종일 작은 소리로 읊조리나이다" 시119:97

> "사람이 많은 탈취물을 얻은 것처럼 나는 주의 말씀을 즐거워하나이다" 시119:162

> "나는 거짓을 미워하며 싫어하고 주의 율법을 사랑하나이다" 시119:163

> "주의 법을 사랑하는 자에게는 큰 평안이 있으니 그들에게 장애물이 없으리이다" 시119:165

위 네 성경구절은 스미스 위글스워스의 성격을 그대로 나타내 줍니다. 위글스워스는 하나님의 말씀을 읽지 않고 15분 이상을 보낸 적이 없습니다. 그가 어디에 있든지, 주변에 누가 있든지간에 상관없이 말씀을 읽었습니다. 우리가 함께 식사하던 시간에도 그는 먹으면서 하나님의 말씀을 이야기 했습니다. 그는 하나님의 은혜에 대해서 이야기했습니다. 그의 말은 단순히 한 문장의 차원을 넘는 그 무언가가 있었습니다. 때로는 쉰 목소리로 하나님을 찬양했습니다. 그 후에 우리는 처음 나오는 수프의 맛을 볼 수가 있었습니다. 첫 식사 코스 후에 그는 또 말씀을 보고 기도를 합니다. 그 후에 우리는 두 번째 식사 코스로 넘어 갑니다. 나중에는 디저트의 마지막 코스의 식사가 나오든지 안 나오든지 그는 계속해서 말씀을 상고하다가 기도를 계속합니다. 이것이 그가 사는 방식이었습니다.

위글스워스가 우리 가족과 얼마 동안 머무른 후, 우리 형제 중 한 사람에게 그의 말씀에 대한 열정이 얼마나 간절한지를 알게 한 특별한 기회가 주어졌습니다. 나의 형은 그때 위글스워스가 집회하게 될 장소로 태워다 주고 있었습니다. 여행이 시작되자 형은 그와 약 10분가량 이런저런 이야기를 주고받고 있었습니다.

그때 갑자기 위글스워스가, "차를 멈춰요!"하고 소리를 지르는 것이었습니다. 뭔가 잘못되었음을 짐작하면서 형은 즉시 차를 세웠습니다. 그러자 위글스워스는 머리를 숙이고 기도하기 시작했습니다.

"주님! 죄송합니다. 우리는 여러 가지 많은 대화를 나누었지만 주님과 주님이 하신 말씀과 사람들의 영혼에 대해서는 이야기를 나누지 못했습니다. 용서하여 주시옵소서."하고 기도를 마친 후 형을 향하여, "이젠 다시 갑시다."라고 하였습니다. 나머지 여행 기간 동안의 대화는 당연히 바뀌었습니다.

어떤 사람이 한번은 위글스워스에게 그리스도의 거룩한 신유에 대한 좋은 책이 있으면 한 권 추천해 달라고 요청했습니다.

그는 대답했습니다.

"예, 아주 좋은 책이 한 권 있습니다. 그것은 다름아닌 하나님의 말씀이 적혀진 성경입니다."

위글스워스는 나의 형제 중 한 사람에게 안수 기도를 해준 후 가서 신유사역을 감당하라고 했습니다. 어느 날 형은 암에 걸려서 죽어가는 한 사람으로부터 기도 요청을 받았습니다. 그 암환자는 몇 주간내에 죽을 수밖에 없는 사형선고를 받았던 사람이었습니다. 형은 그 환자에게 말했습니다.

"나는 지금 당신을 위해서 기도하지 않겠습니다. 그러나 일주일 후에 꼭 다시 오겠습니다. 그동안 신약성경에 나오는 모든 기사들Miracles에 대해 읽으십시오."

형은 약속한 일주일 후에 다시 와서 그에게 신약성경에 나타난 기사Miracles들을 읽었느냐고 물었습니다. 그 환자는 일주일 동안 벌써 서너 차례나 읽었다고 말했습니다. 즉시 형이 손을 그에게 얹고 기도해주자 그의 병은 깨끗이 치유되었습니다.

시편 기자는 말합니다.

"…이는 주께서 주의 말씀을 주의 모든 이름보다 높게 하셨음이라" 시 138:2

위글스워스는 말씀의 능력의 비결을 알게 되었습니다.

"나는 하나님을 그분의 말씀을 통해서 알고 있습니다. 형상이나 어떤 감정을 통해서 그분을 알 수는 없습니다. 기분에 따라서 하나님을 알 수 있는 것은 아닙니다. 오직 그분의 말씀으로만 하나님을 알 수 있습니다. 감각에 치우치는 것은 아주 위험한 일입니다. 우리는 감각으로 구원 받은것이 아니라 하나님의 말씀을 믿음으로 구원받았습니다. 구원은 절대로 감각에 좌우되지 않습니다."

모든 크리스천은 이것을 명심해야 합니다. 사람들은 자신의 감정의 변화에 따라 믿음이 흔들리는 것을 볼 수가 있습니다. 많은 사람들은 아주 절망상태에 빠져 도움을 청하러 와서 말합니다.

"저는요. 지금까지 구원받은 줄로만 알았거든요. 그런데 지금 저는 구원 받은 것을 전혀 느낄 수가 없어요. 내가 구원 받은 것 같지가 않아요."

위글스워스는 우리가 어떠한 감정에 집착해서는 안 된다고 말합니다. 우리는 말씀을 먹고 살아야 합니다. 감정은 변합니다. 크리스천들의 감정도 시시때때로 계속 변합니다. 그러나 하나님의 말씀은 변하지 않습니다. 그리고 결국은 하나님의 말씀이 우리 감정을 지배하고 말 것입니다.

누군가가 말했습니다.

"하나님의 말씀을 믿는 믿음을 뿌리에 비유한다면 감정은 열매라고 할 수 있지요."

만약 뿌리를 잘 돌본다면 열매에 대해서는 걱정할 필요가 없기 때문입니다.

얼마 전에 영국 어느 도시 시청에서 집회가 있었습니다. 시청 홀에는 팔기 위한 기독 서적들이 전시되어 있었습니다. 나의 친구는 성경을 하나 사기 위해 직원에게 다가갔습니다.

"성경을 하나 사고 싶은데요. 여기 전시된 책 중에선 찾을 수가 없네요."

그러자 직원이 대답했습니다.

"오! 성경이요. 우리는 더 이상 팔지 않아요. 이제 우리에게 성경은 필요 없답니다. 왜냐하면 우리 안에 성령님을 모시고 있기 때문이죠."

아무리 그럴싸하게 보일지라도 성경 말씀을 기초로 하지

않은 체험은 한 번쯤은 진단해 봐야 합니다.

　위글스워스는 공개석상에서 하나님의 말씀에 기초하지 않은 체험은 어떠한 것이라도 믿어선 안 된다고 이야기합니다. 그에게는 하나님의 말씀만이 가장 최고의 것이요, 가장 귀중한 것이었습니다. 스미스 위글스워스와 같은 신앙인들이 있었기 때문에 많은 사람들이 하나님의 축복을 누리고 영적으로 새롭게 변화되어 왔지 않았나 합니다.

　위글스워스는 이 지구 상엔 하나님의 말씀을 대신할만한 그 어떤 것도 존재하지 않는다고 이야기하곤 했습니다.

　그가 하나님의 손에 붙잡혀 능력 있는 주의 종으로 쓰임받을 수 있었던 한 가지 이유는 그가 말씀 안에 거하고 그 말씀이 그 안에 거했기 때문입니다. 그 말씀이 그의 안에 거했기 때문에 그는 생명 있는 목회를 감당할 수 있었습니다.

　위글스워스가 바로 이 생명력있는 하나님의 말씀을 한치 앞을 볼 수 없는 소경들에게 전했을 때 그들은 눈을 활짝 뜨고 앞을 볼 수가 있었습니다. 귀머거리들이 이 생명의 말씀을 접했을 때 그들의 입은 열리게 되어 말을 할 수 있게 되었습니다. 이 생명의 말씀이 위글스워스를 통하여 두 손이 두 발이 다 말라버린 자들에게 전파되었을 때 새 생명이 고동치며 회복돼 갔습니다. 질병에 시달리며 고통받는 영혼들은 그 말씀으로 파도처럼 밀려오는 새 건강이 움트기 시작했습니다.

그는 이 생명의 말씀을 귀신들린 자들에게 전했습니다. 그러자 하나님의 말씀의 권세 앞에 귀신은 떠나가야 했습니다.

그가 죽은 사람 앞에서 이 권세 있는 하나님의 말씀을 외칠 때는 죽은자라도 벌떡벌떡 일어났습니다.

위글스워스는 하나님의 이 권능의 말씀을 더욱더 깊이 이해하고 체험하려고 몸부림치며 온갖 노력을 다 하였습니다.

그는 다른 책들을 읽는 데 많은 시간을 허비하지 않았습니다. 오직 전심전력으로 성경을 읽는 데만 시간을 썼습니다. 그는 참으로 하나님의 말씀의 사람이었습니다.

그는 성령님의 여러 사역 중의 하나가 가르치는 것임을 믿었습니다.

그래서 그도 가르치는 일에 최선을 다했습니다. 때로는 아주 지혜로운 비유로 성령님께서 알게 해 주시기도 하였습니다. 그가 인용한 많은 비유가 있지만 한 가지만 예를 들면, "어떤 사람들은 성경을 히브리어로 읽기 좋아합니다. 다른이들은 성경을 헬라어로 읽기를 좋아합니다. 그러나 나는 성경을 성령으로 읽기를 좋아합니다."

나면서 앉은뱅이 된 자를 고쳤다는 이유로 베드로와 요한이 유대교 종교 지도자들 앞에 섰을 때를 성경은 이렇게 이야기하고 있습니다.

> "그들이 베드로와 요한이 담대하게 말함을 보고 그들을 본래 학문 없는 범인으로 알았다가 이상히 여기며 또 전에 예수와 함께 있던 줄도 알고" 행 4:13

그들은 배운 사람들은 아니었지만 분명히 주님의 흔적Mark을 그 몸에 가진 자들이었습니다.

이와 마찬가지로 누가 위글스워스의 스승이셨는지가 분명해 집니다. 비록 배운 것이 없을지라도 누구든지 주님께 붙잡히기만 하면 베드로와 요한처럼 큰일을 이룰 수가 있는 것입니다.

위글스워스는 비록 히브리어나 헬라어를 알지는 못했지만 그가 성경을 해석할 때는 그 원문의 뜻을 그대로 들춰내어 신학자들을 깜짝 놀라게 했습니다.

"대체 이 사람은 어떤 사람인가?"

많은 신학자들끼리 의아해하기도 했습니다.

만약에 그에게 성령의 기름부으심이 없었다면 그에게서 들을만한 것은 없었을 것입니다. 그러나 그는 수없이 많은 크고 작은 집회나 개인적인 믿음의 교제를 통하여 그의 설교를 들을 때마다 항상 거기엔 성령의 기름부으심이 있었습니다.

그는 어떠한 신학적인 논문을 읽은 적이 없었으므로 그의 마음이 복잡한 이론에 얽매인 적은 전혀 없었습니다. 그는 언제나 성령님을 기꺼이 환영했습니다. 그래서 성령님으로부터 받은 계시는 대단한 것이었습니다. 잠자리에 들기 전에 그가 하루를 마감하여 마지막으로 했던 일은 그의 마음에 순전한 하나님의 말씀으로 가득 채우는 일이었습니다. 잠자는 동안에는 이 하나님의 말씀이 그의 무의식 세계에서도 역사하도록 말입니다. 그가 잠에서 깨어날 때는 주옥같은 귀한 생각들이 그의 마음에 가득 차 있기도 했습니다.

그는 잠에서 깨자마자 바로 성경을 찾아서 말씀을 읽어 내려갔습니다. 세상 것이 마음에 들어오기 전에 먼저 하나님의 말씀으로 그의 마음속을 가득 채우는 것이 얼마나 중요한가를 너무나 잘 알고 있었기 때문입니다. 하나님의 말씀에 대한 그의 열정을 가장 잘 나타내주는 그 자신의 발언이 있습니다.

"하나님께서 이렇다고 말씀하셨습니다. 그러면 저는 그 말씀을 절대적으로 믿습니다. 그 말씀만이 모든 문제의 해결 요소입니다."

이것은 그가 살아가는 데 그리고 사역을 감당하는 데 초석이었습니다. 이 믿음은 끝까지 단 한 번도 변동되지 않았습니다. 그는 죽지 않았습니다. 그의 죽음은 이 세상적인 죽음과는 전혀 다른 것입니다. 그는 단지 하늘나라에 간 것입니다.

연민과 확신의 하나님의 사람

위글스워스는 사람들을 사랑했습니다. 무언가 도움을 필요로 하는 사람들에게 특별한 관심을 보였습니다. 제임스 솔터는 집회 인도 차 런던으로 가는 장인 위글스워스와 동행한 적이 있습니다.

런던 킹스크로스 역에서 그들의 목적지행 버스로 갈아탔습니다. 버스에 올라보니 앞좌석 하나, 뒷좌석 하나, 두 좌석밖에 없었습니다.

위글스워스는 사위 솔터에게, "자네는 여기 앉게나?" 하면서 가까이 있는 뒷좌석을 가리켰습니다(런던 버스는 출입구가 뒤에 있습니다).

위글스워스는 앞좌석 쪽으로 걸어갔습니다.

그는 신약성경을 손에 들었습니다. 그리고 승객들을 향하여 마주섰습니다. 분명한 목소리로 이야기하기 시작했습니다.

"여러분 잠깐 들어보시기 바랍니다."

그리고 나서 신약성경 몇 구절을 읽어내려 갔습니다. 그리고 읽은 하나님의 말씀을 간단하게 설명해 주었습니다.

제임스 솔터는 나중에 이렇게 이야기했습니다.

"그의 설교는 버스에 탄 사람들에게 엄청난 충격을 던져 주었습니다. 많은 사람들이 울었습니다. 그러자 위글스워스는 차 뒤편으로 가더니 사람들의 머리 위에 손을 얹고 기도해 주었지요. 위글스워스말고 누가 감히 공공 시내버스 안에서 이런 일을 할 수 있겠습니까!"

위글스워스는 마치 사자처럼 담대했습니다. 하나님께서는 위글스워스에게 마치 사자와 같이 무서움을 모르는 담대함을 주셨습니다. 다음의 이야기가 그것을 잘 나타내주고 있습니다.

위글스워스는 브래드포드에서 런던행 기차에 몸을 실었습니다. 구석에 자리를 잡고 앉았습니다. 마침내 같은 구간에 다섯 명의 사람들이 더 와서 같이 앉게 되었습니다. 습관을 쫓아 그는 성경책을 꺼내서 읽어나가다가 작은 목소리로 기도하기 시작했습니다. 같이 옆에 동행하는 사람들에게 한

마디 말도 하지 않았습니다.

　런던을 30마일약 50km 남겨두고 그는 화장실을 갔습니다. 그는 볼일을 마치고 앉았던 자리에 돌아왔을 때 바로 옆 자리에 앉았던 남자분이 창백한 표정으로 말을 건네왔습니다.

　"이것이 무엇인지 도무지 잘 모르겠습니다. 아까 당신이 옆에 있었을 때 뭔지 모르는 지독한 두려움이 나를 엄습해 오더군요. 이러다가 내가 죽는 것이 아닌가 할 정도였습니다. 대체 그게 무엇입니까?"

　다른 사람들도 모두 같은 느낌을 받았다고 이야기했습니다. 위글스워스는 그들에게 복음을 전한 후 구원의 확신에 대해 설명해 주었습니다. 그들은 모두 기차 바닥에 무릎을 꿇고 앉았습니다. 그리고 예수님을 그들의 구주로 영접했습니다. 위글스워스는 이런 모습으로도 주님께 쓰임 받게 되었습니다. 그는 기회를 놓치지 않고 그들의 영혼을 주님께로 인도했습니다. 언제 사람들에게 말을 건네야 하는지, 아니면 성령님께서 먼저 일하시도록 언제 침묵해야 하는지를 잘 알았습니다.

그에게는 언제나 성령님의 인도하심에 대한 확신이 있었고 영혼을 불쌍히 여기는 마음이 넘쳤습니다. 영혼들을 성공적으로 주님께 이끄는 데에 위의 두 가지는 꼭 필요한 것들입니다.

한번은 내가 위글스워스씨의 집을 방문했을 때 그의 딸 앨리스가 나에게 해준 이야기입니다. 하루는 위글스워스가 받은 편지들을 정리하다가 우연히 한 편지에 시선이 고정됐습니다. 그의 영혼 깊숙이 심금을 울리는 간단한 내용의 편지였습니다.

"한 번만 와 주시겠습니까? 지금 우리는 심한 고통에 사로잡혀 있습니다."

눈물을 흘리면서 위글스워스는 딸에게 그 편지를 건네주었습니다. 그 편지를 읽어본 앨리스는 왜 아버지가 눈물을 흘리시는지 이해할 수가 없었습니다. 앨리스가 물었습니다.

"왜 우세요. 아빠? 여기에도 도움을 요청하는 편지가 수백 통이나 돼잖아요. 이 편지가 여기 있는 수백 통의 편지와 뭐가 다르다는 거죠?"

"내가 꼭 가봐야 한단다."

왜 우는지 한마디 설명도 없이 그는 퉁명스럽게 말하고서 외투를 걸쳐입고 모자를 쓰며 편지에 적힌 주소를 찾아나섰습니다.

그 주소에 도착하자 그곳에는 대궐같이 크고 웅장한 대저택이 나타났습니다. 초인종을 눌렀습니다. 문을 열어 준 사람은 외모가 준수한 신사분이었는데 얼굴에는 수심이 가득 차 있었습니다. 위글스워스는 자기 방식대로 먼저 소개를 했습니다.

"저는 위글스워스입니다. 당신의 편지를 받았습니다."

그 신사는 손을 내밀면서 들어오도록 청했습니다.

위글스워스가 내게 이야기했습니다.

"그 신사분은 내가 도망갈까봐서 내 팔짱을 꽉 끼고서는 한마디 말도 없이 카페트가 깔린 거실을 지나 달리기 선수처럼 쏜살같이 계단을 타고 2층으로 올라 갔다네. 계단 꼭대기까지 올라가자 어느 방문을 열더니 나보고 그리로 들어가라고 하고서는 내가 들어가자마자 자기는 들어오지도 않고 문을 닫아버리지 뭔가."

방을 들어선 위글스워스는 평생 잊어버릴 수 없는 장면을 목격했습니다. 17살쯤 되어 보이는 소녀가 소리를 질러대며 발악하고 있었고 3명의 장정들이 그녀를 진정시키려고 온갖 힘을 다하고 있었습니다. 얼마나 발악을 했던지 거의 옷이 벗겨진 상태였습니다. 이유는 그녀가 귀신이 들려서 사납게 날뛰고 있었기 때문이었습니다. 그녀의 아버지는 굉장한 부자지만, 그의 딸을 정신병원에 감금시키고 싶지 않았습니다. 대신 집에 감금해 놓고 남자들을 고용해서 자기 딸을 지키도록 한 것입니다.

위글스워스가 방에 들어서자 소녀는 그를 알아보더니 갑자기 사납게 날뛰던 것을 멈췄습니다.

소녀는 위글스워스를 노려 보며 말했습니다.

"나는 당신이 누구인 줄 압니다. 지극히 높으신 하나님의 종 위글스워스입니다."

무덤 사이에서 귀신들린 자가 예수님을 알아 본 것처럼 막 5:7 그녀 속에 들어 있는 귀신들이 위글스워스를 알아본 것입니다.

"예수 그리스도의 이름으로 명하노니 입을 다물라!"

그녀는 자꾸 뒤로 달아나더니 결국 벽 구석까지 가는 것이었습니다. 위글스워스는 계속 따라갔습니다. 그러자 위글스워스를 무시무시한 눈으로 노려보며 으르렁대기 시작했습니다.

"이 아이는 우리 아이다!"

"이 더러운 귀신들아, 내가 여기 온 것은 너희들과 말다툼하려고 온 것이 아니다. 내가 나사렛 예수 그리스도의 이름으로 명하노니 이 아이에게서 나오고 더 이상 괴롭히지 말라!"

그가 명하자 큰 소리를 지르며 12귀신이 그녀에게서 나가는 것이었습니다. 귀신들이 나가자마자 그녀는 자신이 아무 것도 입지 않고 있음을 발견하고는 울면서 다른 방으로 달려갔습니다. 그러자 그녀를 지키던 장정들이 그녀를 따라나갔습니다. 위글스워스는 그들을 멈춰 세우고 일어난 모든 일들에 대해서 자세히 설명해 주었습니다. 10분 후에 방문이 살며시 열리며 조심스런 발걸음으로 누군가가 들어오는 소리가 들려왔습니다. 이제 그 소녀는 완전히 귀신들림에서 해방된 것입니다.

위글스워스는 아래층으로 내려갔습니다. 15분 전만 해도 소리를 고래고래 지르며 미치광이였던 그녀는 지금은 여태껏 본 적이 없는 아름다운 숙녀로 변하여 아버지, 어머니와 함께 차를 마시며 교제를 나눴습니다. 집으로 돌아온 그는 딸에게 그 집에서 일어난 일을 이야기했습니다.

"앨리스야, 하나님께서는 그 집에서 얼마나 아름다운 일을 하셨는지 모른단다. 아, 우리 예수님은 너무나 위대하시단다!"

사람들은 종종 내게 위글스워스의 능력의 비결에 대해서 물어오곤 했습니다. 물론 이 비결에는 여러 가지가 있습니다.

'그의 능력의 비결 중에 하나를 든다면 도움을 필요로 하는 자들에 대한 사랑과 불쌍히 여기는 그의 마음입니다.'

성경에는 예수님에 대해서 어떻게 기록되어 있는지 살펴보기로 합시다.

"무리를 보시고 불쌍히 여기시니 이는 그들이 목자 없는 양과 같이 고생하며 기진함이라" 마 9:36

"한 나병환자가 예수께 와서 꿇어 엎드려 간구하여 이르되 원하시면 저를 깨끗하게 하실 수 있나이다 예수께서 불쌍히 여기사 손을 내밀어 그에게 대시며 이르시되 내가 원하노니 깨끗함을 받으라 하시니" 막 1:40-41

어느 찬송가 작자는 다음과 같이 예수님에 대해서 표현하고 있습니다.

"예수여, 당신의 자비하심을 찬양하나이다. 당신의 순수하고 끝없는 사랑을 높여 드리나이다."

위글스워스도 영혼을 불쌍히 여길 줄 아는 하나님의 사람이었습니다.

기도의 사람

위글스워스는 주님을 닮기 위해서 주님과 오랫동안 시간을 보냈습니다. 그래서 죄인이나 병든 자, 억압받는 자, 귀신 들린 자들을 볼 때면 그들을 향해 끊임없이 불쌍히 여기는 마음이 솟아났습니다. 한번은 위글스워스에게 하루에 얼마나 오랫동안 기도하는지를 물어보았습니다.

"한번 기도할 때 30분 이상 기도를 한 적은 없습니다. 그러나 기도하지 않고 30분 이상 가본 적도 없습니다."

기도는 그의 생활 전부였습니다. 그는 기도하는 삶을 그 무엇보다도 최고로 여겼습니다. 이것이 그의 능력의 비결 중의 하나입니다. 위글스워스의 집회 중에 치료받은 사람들은 그가 사람들을 위하여 기도할 때도 치료의 역사가 있었지만 하나님의 말씀을 듣다가도 이 치료의 역사가 일어났습니다.

베드로와 요한이 기도하기 위해 성전에 올라갈 때 나면서 앉은뱅이 된 자를 만나게 되었습니다. 이 사람은 성전에 들어가는 사람들에게 구걸하기 위하여 날마다 미문이라는 성전문에 누워 있었던 자입니다. 그가 베드로와 요한이 성전에 들어갈 때에 구걸하였습니다.

그때 베드로와 요한이 더불어 주목하여 가로되, "우리를 보라"행 3:4고 하였습니다. 돈을 구걸하면서 자비를 구하는 앉은뱅이에게 우리를 보라고 이야기한 사도들은 제정신으로 하는 이야기일까요? 그러나 베드로가 다음과 같은 놀라운 말을 합니다.

> "베드로가 이르되 은과 금은 내게 없거니와 내게 있는 이것을 네게 주노니 나사렛 예수 그리스도의 이름으로 일어나 걸으라 하고 오른손을 잡아 일으키니 발과 발목이 곧 힘을 얻고 뛰어 서서 걸으며 그들과 함께 성전으로 들어가면서 걷기도 하고 뛰기도 하며 하나님을 찬송하니" 행 3:6-8

6절에, "내게 있는 이것을 네게 주노니"를 주목하시기 바랍니다. 이것이 바로 나눠줌의 사역방법입니다. 위글스워스도 나눠주므로 사역을 했습니다.

위글스워스가 영국 국교회에 소속한 어느 목사님 집에 머무르면서 경험한 간증을 이야기한 적이 있습니다. 그와 목사님은 저녁식사를 마친 후 계속하여 이야기를 나눴습니다. 그 목사님은 두 다리에 의족을 차고 다녔습니다. 의심할 여지없이 대화는 그 목사님께 없는 두 다리로 옮겨졌습니다. 그 당시 의족Artifical limbs은 요즈음의 것과 같이 세련된 것이 아니었습니다. 대화 중에 위글스워스는 갑자기 이야기를 꺼냈습니다. 위글스워스는 신유사역을 감당할 때에 때론 이렇게 갑작스럽게 이야기하곤 했습니다.

"목사님, 내일 아침에 구두가게에 가서 새 구두 한 켤레를 맞춰 신으십시오."

이 목사님께서는 혹시 그가 농담하는 것이 아닌가 하고 생각했습니다. 두 사람이 모든 대화를 다 마치고 잠자러 각자의 방으로 들어간 후 목사님도 그의 방에 들어가서서 기도를 하는 데 하나님의 음성이 들려왔습니다.

"나의 종이 하라는대로 하여라."

하나님께서 목사님께 위글스워스를 나의 종이라고 하신

것입니다. 이 얼마나 놀라운 명칭입니까! 하나님의 음성을 직접 들은 이 목사님은 그날 밤 두근거리는 가슴 때문에 잠을 이룰 수가 없었습니다. 그는 아침 일찍이 일어나서 시내로 갔습니다. 그리고 신발가게가 문을 열 때까지 기다리고 있었습니다. 마침내 주인이 도착해서 영업을 시작하기 위해 가게 문을 열자마자 목사님이 안으로 들어가서 의자에 앉자 가게 직원이 다가왔습니다.

"안녕하세요. 어떻게 도와드릴까요?"

"구두 한 켤레만 주시겠습니까?"

"예, 그러시죠. 치수는 얼마나 되시죠? 색깔은 어떤 것으로 할까요?"

이 물음에 목사님은 주저하지 않을 수가 없었습니다. 그때 가게 주인이 그의 발을 보았습니다.

"죄송합니다. 선생님! 이 상태에선 저희들도 어떻게 도와드릴 수가 없답니다."

"아무튼 됐어요. 내가 여기 온 것은 새 구두 한 켤레를 사러 온거니까 치수는 8이고, 색깔은 검은색으로 주십시오."

직원은 목사님의 요청대로 구두를 찾으러 갔습니다. 몇 분 뒤에 돌아온 주인은 그가 요구한 구두를 건네주었습니다. 구두를 받아든 목사님은 오른쪽 의족 끝을 구두 속에 집어넣었습니다. 그러자 참으로 놀라운 일이 벌어졌습니다. 의족을 차고 있던 발과 다리가 갑자기 진짜 사람의 발과 다리로 된 것입니다. 똑같은 현상이 다른 쪽 다리에도 일어났습니다. 그는 그 가게를 걸어서 나갔습니다. 새 구두뿐만 아니라 하나님께서 만들어 주신 새 다리를 가지고 말입니다! 그러나 위글스워스는 놀라지 않았습니다. 그는 이러한 역사가 일어날 줄로 이미 믿고 있었습니다. 그는 종종 이러한 발언을 하였습니다.

"하나님의 입장에서는 부러진 뼈를 고치시는 것이나 없는 다리를 만드시는 것이나 아무런 차이점이 없습니다."

사람들이 생각하기를 죽은 자를 살리는 것이 가장 큰 이적이라고 생각할지 모릅니다. 그러나, 사도 바울은 아그립바 왕에게 말했습니다.

"당신들은 하나님이 죽은 사람을 살리심을 어찌하여 못 믿을 것으로 여기나이까" 행 26:8

위글스워스의 사역을 통하여 하나님께선 14번이나 죽은 자를 살리셨습니다. 때로는 그의 기도를 통하여, 때로는 하나님의 말씀을 전파하는 가운데 이 역사가 일어난 것입니다. 다음은 그중에서 두 가지만 소개합니다.

그는 온 가족이 5살 된 아이의 죽음 때문에 울고 있는 집을 방문했습니다. 그 당시엔 사람이 죽으면 그 시신을 그대로 집에 두고 장례를 거행했습니다. 요즘처럼 예식장같이 생긴 장의사 집Funeral Home으로 시신을 옮기고 그곳에서 장례식을 하는 것과는 아주 대조적입니다. 그때 당시의 관습에 따라 시신을 집에 두고 가까운 사람들이 와서 애도의 뜻을 표했습니다. 위글스워스가 관 속에 누워있는 애를 바라보면서 서 있을 때 그 아이의 아버지가 꼬마의 얼굴에 덮여져 있던 천을 거둬냈습니다. 그 꼬마를 쳐다보는 위글스워스의 얼굴에는 눈물이 흘러내렸습니다.

죄로 인하여 죽을 수밖에 없는 이 천진난만한 꼬마가 차가운 시신이 되어 벌써 관 속에 누운 것을 보고 불쌍한 생각이 든 것입니다.

위글스워스는 자기만 남겨두고 모두 밖으로 나가도록 요청했습니다. 그는 문을 잠궜습니다. 그리고 딱딱하게 변해 버린 아이의 시체를 두 손으로 번쩍 들어 올렸습니다. 그리고 나서는 아이를 벽에 기대어 놓고 방구석에 강제로 세웠습니다.

위글스워스는 주 예수의 이름으로 사망을 꾸짖어 이 아이의 몸에서 떠나라고 명했습니다. 순간 놀라운 이적이 일어났습니다. 죽었던 5살 된 아이가 살아 났습니다. 이 일을 행하던 위글스워스는 조금도 의심이 없었습니다.

또 한 번은 나의 절친한 친구와 위글스워스의 절친한 친구 목사님께서 같이 와서는 그들이 사는 지역에 한 사람이 심한 병이 들어 죽었노라고 내게 알려왔습니다. 그래서 위글스워스가 그 집에 가서 죽은 자가 살아나도록 주님께 기도를 드리게 된 것입니다.

그가 기도를 마치자 죽은 사람이 다시 살아났습니다. 그의 생명이 다시 돌아왔지만 그는 여전히 죽기 전에 앓던 병 때문에 심하게 앓고 있었습니다.

위글스워스는 가족에게 선포했습니다.

만약 여기 있는 가족 모두가 지금 회개하지 않으면, 그 사람이 다시 병 때문에 죽을지도 모른다고 이야기했습니다. 결국 온 가족은 하나님께 회개를 했습니다.

위글스워스는 그들을 위해 주님께 기도를 드렸습니다. 주님께서는 그 사람의 병도 고치시고 그의 생명도 더 주시어서 그 후로 30년이나 더 살다가 주님께로 돌아갔습니다.

위글스워스도 심신이 피곤해지기 시작했습니다. 위글스워스는 신체적으로 건강했지만 그가 하나님을 의지하지 않을 땐 그도 피곤해지고 지치게 되었습니다.

다음의 글에서 우리는 하나님 안에서 위글스워스의 능력의 비결을 보게 됩니다.

"한 번도 하나님을 갈망하지 않을 때는 없었습니다. 나는 항상 하나님을 찾고 있었습니다. 어린아이와 같이 나는 무릎을 끓고 그분의 도우심을 구했습니다."

위글스워스가 오늘날 하나님의 능력의 사람이 된 것은 갑자기 된 것이 아닙니다. 수년에 걸쳐서 몸부림치며 노력해 온 것입니다. 그러나 쉽지만은 않았습니다. 육체적인 시험뿐만 아니라 소위 크리스천이라고 하는 사람들이 그를 핍박할 때도 있었습니다.

그는 이러한 어려움들을 그를 사랑해준 사람들과 무엇보다도 주님을 알고자 하는 뜨거운 열정 때문에 이겨 낼 수가 있었습니다.

하나님의 믿음의 사람

다음에 열거된 예들은 위글스워스가 사역 초반기에 직면했던 그의 믿음에 대해서 나열한 것들입니다.

그는 마귀에 눌려 있는 여자를 위해 기도를 부탁받았습니다. 그가 도착했을 때 여자가 있는 방으로 안내를 받았습니다. 그는 여자를 보는 순간 그 영혼이 그렇게 불쌍해 보일 수가 없었습니다. 옆에 있는 사람들은 그녀가 움직이지 않도록 팔다리를 붙들고 있었고 남편은 옆에서 아기를 안은 채로 서 있었습니다. 전체 분위기도 사단의 힘으로 가득 차 있었습니다. 한쪽 구석에 있는 어떤 여자분은 기어서 엉금엉금 방을 빠져나가고 있었습니다. 그녀의 얼굴엔 겁으로 질려있는 듯 했습니다.

위글스워스가 나중에 내게 말했습니다.

"그때 내가 마귀의 세력과 직면하고 있는 것을 알았네. 어떤 조처가 취해지지 않으면 안 되는 상황이었지. 나의 믿음이 갑자기 천국수준 정도까지 높이 올라가는 것이 느껴지더군. 만약 우리가 하나님께로부터 응답을 받기 원한다면 우리는 그분이 원하시는 믿음의 수준을 가지고 기도해야 하네. 이 믿음은 다름 아닌 천국수준의 믿음이네. 만약 우리가 여전히 낮은 수준의 믿음을 가지고 하나님으로부터 무언가 받기를 바란다면 결코 받을 수가 없지. 내 믿음의 한계가 느껴지는 순간 다른 수준의 믿음, 즉 하나님의 약속의 말씀을 믿는 믿음이 내게 다가왔다네. 그때 나는 조금 전의 위글스워스가 아니더군. 하나님께선 천국을 흔들고 남을 정도의 큰 믿음을 내게 주셨다네."

그 믿음 속에서 하나님께서 그 여자분을 마귀의 올무에서 벗어나게 했습니다. 귀신들이 나가자 14시간을 자고 일어난 후 그녀는 자신이 완전히 해방되었음을 깨달았습니다. 하나님께선 그를 초자연적인 하나님의 능력을 드러내는 도구로 사용하셨습니다.

그는 항상 불신앙과 싸웠습니다. 그리고 결국은 승리의 삶으로 이끌어 갔습니다. 한번은 어느 젊은이가 질문했습니다.

"어떻게 그렇게 큰 믿음을 소유할 수가 있습니까?"

그러자 위글스워스는 마가복음 4장 28절도 대답했습니다.

"처음에는 싹이요 다음에는 이삭이요 그다음에는 이삭에 충실한 곡식이라" 막 4:28

이 얼마나 놀라운 답변입니까!

이것이야말로 성경신학이 아닐까요?

그가 언급한 믿음이라는 것은 지속적인 성장이 이루어져서 결국에 온전하게 되는 것을 의미한 것입니다. 믿음은 날마다 하나님을 더 많이 알아감으로써 자라가는 것입니다.

위글스워스는 결코 어떠한 신학적 논쟁이나 성서 해석논쟁에 참여하지 않았습니다. 신학생들에겐 익숙할지 모르는 신학적 논쟁이 얼마나 위험한 것인지를 알기 때문입니다.

그는 그보다 훨씬 더 중요한 그의 하나님이 누구신지를 잘 알았기 때문입니다.

하나님의 사랑의 종

위글스워스의 주님을 향한 불변의 사랑은 날로 증가해 갔습니다. 그에게는 주님만이 인생의 모든 것이었습니다. 나중에는 주님을 사랑하는 똑같은 열정으로 다른 영혼을 사랑할 수가 있었습니다.

그렇지만 그의 주님을 향한 사랑을 표현하는 방법이 때로는 일부 사람들에게 오해가 되기도 했습니다. 어떤 때는 그 사람들로부터 사역에 방해를 받기도 하였습니다. 위글스워스는 이러한 방해를 단순히 한 사람을 훼방하는 것이 아니라 하나님의 일을 훼방하는 것으로 간주했습니다. 하나님의 일을 방해하는 그 어떤 것이라도 사단이 하는 것으로 생각했습니다.

제임스 솔터도 위글스워스와 같이 동행할 때 그의 사역 중에서 위와 똑같은 일이 한번 일어난 것에 대해서 이야기한 적이 있습니다. 때때로 위글스워스는 그의 집회에서 다음과 같은 말을 하곤 했습니다.

"이 자리에 참석하신 분 중에서 가장 심하게 중병 든 사람, 지금 일어나시기 바랍니다."

사위인 솔터는 이 소리를 들었을 때, "장인 어르신과 같은 믿음이 없는 나로서는 이런 말을 들을 때면 너무나 두려웠습니다."라고 말했습니다.

솔터가 참석한 어느 집회에서, 위글스워스는 그가 강단에 서자마자 늘 했던 것처럼 환자들을 앞으로 초청했습니다.

너무 아파서 회복이 거의 불가능한 여인이 맨 앞줄에서 두 여자분의 부축을 받은 채로 앉아 있었습니다. 두 여자분은 이 여자를 거의 업다시피하여 데리고 왔으며 앉아서도 부축하고 있었습니다. 초청의 시간에 그들은 이 여자분이 서도록 돕기 위해 안간힘을 다하고 있었습니다.

"이리로 데리고 오시죠."

간신히 그들은 이 여자분을 부축하여 강단으로 데리고 갔습니다. 그녀를 위해 기도해 줄줄 알았는데 위글스워스는 요크셔 사투리로 말했습니다.

"그녀 혼자 걸어가도록 놓아 두세요. 그 여자분 혼자 서도록 하세요."

두 여자분은 손을 그녀에게서 놓았습니다.

그러자 비행기가 추락하듯 이 여자분은 땅에 곤두박질하며 쓰러졌습니다. 조금도 동요되지 않은 채 그는 재차 말했습니다.

"그 여자분을 일으켜 세우세요."

두 여자분은 그대로 했습니다. 다시 위글스워스가 그녀 혼자 서도록 손을 놓으라고 하자 그들은 마지 못해서 손을 놓자 한 번 더 이 불쌍한 여인은 '쿵' 하며 바닥으로 떨어진 것입니다.

"다시 일으켜 세워주세요."

그들은 그 여자분을 다시 일으켜 세웠습니다.

이때 자리에 앉아있던 몇 사람은 위글스워스의 행동에 대해서 반감을 갖기 시작했습니다. 그러나 그는 전혀 신경 쓰지 않았습니다.

"그녀 혼자 걸어가도록 손을 놓으시오."

두 여자분에게 또 명하자, 이번엔 그들이 말을 듣지 않았습니다. 그리고 자리에 앉아 있던 어느 한 남자가 외쳤습니다.

"이 무정한 인간 같으니라구!"

이 소리를 들은 위글스워스는 그 사람을 똑바로 바라보았습니다.

"성도님의 일이나 신경쓰시죠. 이것은 제일입니다."

다시 그 여자분들을 향하여 같은 명령을 반복했습니다.

"그녀에게서 손들을 떼세요. 그리고 그녀 혼자 서도록 하세요! 내가 말한대로 당장 그대로 하세요!"

이 세 번째 주문에 그들은 그대로 손을 떼었습니다.

그런데 이번에는 그 여자분이 쓰러지지 않았습니다. 바로 그 옆에는 암 덩어리들이 그 여인에게서 쏟아져 나와 있었습니다.

이러한 경우에 위글스워스가 항상 옳았습니다. 그는 그가 섬기는 하나님을 너무나 잘 알고 있었기 때문에 모든 의심을 넘어서서 그것들을 충분히 해낼 수 있었습니다. 하나님은 이런 사건의 경우와 같이 그를 실망시키지 않았습니다.

그가 회중 앞에서, '이것도 내 일입니다.' 라고 이야기한 것은 하나님 보좌와 직통으로 연결된 핫 라인 Hot line이 있었기 때문입니다.

위글스워스는 그를 공격했던 남자에게 절대 화를 내지 않았습니다. 바로 그 일을 뒤에서 조정한 마귀한테 화가 났습니다. 그 남자분에게 조금이라도 서운하지 않았습니다.

결국 하나님께선 위글스워스가 옳았음을 그 남자 앞에서 보여 주셨지만 조금이라도 의기양양해 하지 않았습니다.

그는 영혼들을 사랑했습니다. 그러나 하나님의 일이 방해 받을 땐, 그것이 어디서 왔던지간에 담대하게 방어해 나갔습니다.

용기와 화평의 사람

스미스 위글스워스가 화를 냈다면, 그것은 유일하게 마귀에게입니다. 그는 여러 차례 하나님의 방문을 받은 적이 있습니다.

하나님의 임재하심을 느끼는 것뿐만 아니라 하나님을 마치 살아있는 사람을 본 듯이 본 경험을 그는 간증한 적이 있습니다.

또한 사단이 그 앞에 나타난 적도 있습니다. 그러나 절대 두려워하지 않았습니다.

한 가지 예를 들면, 방에 잠을 자다가 사단이 방에 들어와 있는 것을 알게 된 위글스워스는 잠이 깼습니다. 방구석에 마귀가 서 있는 것을 보았습니다.

"음, 겨우 너 혼자냐?"

그리고 다시 드러누워서 잠을 잤습니다. 이것은 누가 생각해낸 상상력에서 나온 이야기가 아닙니다.

위글스워스는 삶을 결코 허공 속에서 살지 않았습니다. 그는 현실적인 사람이었습니다. 그는 결코 과장하거나 그의 간증을 변경시킨 적이 없습니다.

그는 진리이신 주님을 진실로 사랑했기에 항상 절대적으로 사실을 그대로 이야기했습니다. 그는 결코 주님을 근심시킬만할 행동이나 말을 하지 않았습니다.

어떤 이는 위글스워스의 삶은 긴장의 연속적인 삶이었다고 이야기한 적이 있습니다. 그러나 그렇지 않습니다. 그만큼 평안하게 삶을 영위한 사람은 드물 것입니다.

그에게 있어서 쉬는 것이란 주님의 임재하심 속에 항상

거하는 것이었습니다. 그는 항상 주님의 임재하심을 체험하면서 살았기에 항상 평안함 가운데 그에게 주어지는 그 어떠한 일이라도 감당할 수가 있었습니다.

그는 바로 이사야 26장 3절의 비밀을 알고 있었습니다.

"주께서 심지가 견고한 자를 평강하고 평강하도록 지키시리니 이는 그가 주를 신뢰함이니이다" 사 26:3

Smith Wigglesworth

::Part 2::

성령님과
스미스 위글스워스

Smith Wigglesworth

우리를 자주 평가하거나 서로 비교함으로써 오는 좌절감은 종종 우리 내부에서 열등감을 유발시킵니다. 우리의 삶을 메마르게 만드는 이러한 행동은 자신뿐만 아니라 다른 사람들에게도 나쁜 영향이 끼치게 되고 또 하나님의 영광을 가리는 결과를 낳게 됩니다.

우리는 아무것도 아닌 존재입니다. 그러나 하나님 안에서 강하게 될 수 있습니다. 위글스워스는 영적인 비밀의 지식 때문에 자신보다 능력있고 재능있는 사람보다 더 큰 일을 할 수 있었습니다.

얼마나 많은 목회자들이 위글스워스의 영향을 받았는지를 여러분이 아시게 되면 놀라실 것입니다. 특히 미국의 많은 목회자들은 그의 사역에 의해 많은 축복과 위로를 받았습니다. 수년을 지켜 봤을 때 이 훌륭한 하나님의 사람이 사역을 통해서 얼마나 많은 새 신자들이 은혜를 받았는지 이루 헤아릴 수 없습니다.

지금 이 시간에도 참 믿음의 비밀을 깨달은 사람들, 위글스워스가 경험한 것처럼 주님을 알기 원하는 사람들, 그가 한 것처럼 무조건적으로 자신을 주님께 기꺼이 드리기를 원하는 사람들은 항상 자신이 부족한 것을 느끼게 될 것입니다.

로마서 12장 1-2절에서 위글스워스가 의지하며 살았던 원리를 보게 됩니다.

> "그러므로 형제들아 내가 하나님의 모든 자비하심으로 너희를 권하노니 너희 몸을 하나님이 기뻐하시는 거룩한 산 제물로 드리라 이는 너희가 드릴 영적 예배니라 너희는 이 세대를 본받지 말고 오직 마음을 새롭게 함으로 변화를 받아 하나님의 선하시고 기뻐하시고 온전하신 뜻이 무엇인지 분별하도록 하라" 롬 12:1-2

평온의 성령님

스미스 위글스워스를 알고 지내는 모든 날 동안 그는 한결같이 변함이 없었습니다. 그에게 있어서 변덕이란 옛사람 위글스워스에게 속한 과거의 일이었습니다.

위글스워스는 요한이 세상과 격리된 채 밧모섬에서 유배하면서 알게 된 그 비밀을 알게 되었습니다. 이 비밀은 요한계시록 1장 10절에 기록되어 있습니다.

> "주의 날에 내가 성령에 감동되어…" 계 1:10

이 일은 사도 요한이 환상 중에 부활하시고 영광 받으신 주님을 뵙는 장면입니다.

결과는 간단히 말해서 다음과 같습니다.

이 지구 상에서 현재 상황이 천국의 것들과 비교될 때 지금 이 지구 상에서 우리가 겪고 있는 일들은 아무것도 아닌 것을 사도요한은 깨달은 것입니다.

일단 이 이치를 알게 되면 우리 주변에서 어떠한 상황이 전개된다 하더라도 그것 때문에 더 이상 놀라지 않을 것입니다.

내가 알기로는 위글스워스는 이 지구 상에서 현재 일어나는 모든 현상을 천국의 입장에서 볼 수 있는 비밀을 알게 된 것 같습니다.

그 상황이 죽음이든, 귀신들림이든, 그의 다른 것이라 할지라도, 하나님을 잘 아는 사람이나 성령의 감동하심 속에서 살아가는 자들에겐 잘 알려져 있는 침착함 속에서 각 경우를 처리할 수 있었습니다.

하나님은 성령으로 살았으므로 항상 이기는 영적생활을 할 수 있었습니다.

혹자 위글스워스에 대해서 표현하기를 그는 예배 중에 하나님께 드릴 것을 온전히 하나님께 드리며 사람들에겐 그들의 필요를 나누어 줄줄 아는 비밀을 알게 된 것이라고 평하기도 했습니다.

나는 이것이 아주 그를 잘 표현한 것이라고 생각합니다.

분별의 영

위글스워스는 사역을 통하여 성령님의 마음을 알게 되었습니다.

나는 젊을 때 선교사로서 아프리카에 가는 것이 내가 받은 하나님의 부르심이라고 생각했습니다. 내게 매번 이 확신이 다가왔습니다.

어느 날 위글스워스의 집에서 그와 마주앉아 이야기를 나누고 있는데 그는 내게 말했습니다.

"자네는 선교사로 아프리카에 못 가게 될 걸세. 왜냐하면 그것은 자네에게 향하신 하나님의 뜻이 아니기 때문이네."

"그렇지만 모든 상황이 그쪽으로 쏠리고 있어요. 그리고 문은 지금 활짝 열려 있답니다."

"그럴 수도 있지, 그러나 그 문은 곧 닫힐걸세. 내 말을 주의해서 듣게나."

나는 기다렸습니다. 몇 주가 안 가서 그 문이 닫히고 말았습니다. 아프리카 선교의 가능성은 완전히 사라져 버린 것입니다.

위글스워스는 하나님의 심정을 헤아릴 수 있었기에 이것을 미리 알 수 있었습니다.

종종 사람들은 어떤 한 사람이 다른 사람에게 향하신 하나님의 뜻을 알지 못한다고 이야기합니다. 그러나 거기에도 예외가 있습니다. 바로 위와 같은 경우인 것입니다. 모든 상황은 내가 아프리카에 선교사로 가는 것이 하나님의 뜻이라고 이야기하고 있었지만 위글스워스는 가지 못할 것을 알고 있었습니다. 그리고 하나님의 뜻은 우리가 예측한 것과는 다르게 나타났습니다.

혹자는 위글스워스가 사람들의 고통의 원인을 정확하게 분별하는 방법을 통해 성령님의 마음을 알게 되었다고 이야기합니다.

어느 집회에서 위글스워스는 둘 다 귀머거리요 벙어리인 사람들을 만났습니다. 위글스워스는 그의 손가락을 첫 번째 사람의 귀에 집어 넣고는 명했습니다.

"예수 이름으로 열릴지어다!"

그리고 그의 손을 입에 갖다 대고는, "혀야 풀리라!"고 명하자 귀가 열리고 말을 할 수 있게 되었습니다.

그러나 두 번째 사람에게는 다른 방법으로 다루었습니다.

그는 두 번째 남자의 눈을 똑바로 쳐다보며 꾸짖었습니다.

"이 벙어리되고 귀먹은 귀신아! 내가 네게 주 예수의 이름으로 명하노니 이 사람에게서 나올지어다!"

그러자 병이 떠나가 버렸습니다.

나중에 위글스워스는 이렇게 이야기합니다.

"우리는 마귀에게 안수하지 않습니다. 마귀에겐 아무것도 줄 것이 없습니다. 우리는 그를 꾸짖고 가라고 명하는 것입니다. 그러나 우리가 이 일을 하기 위해서는 항상 하나님과 합당한 장소에 있어야 합니다."

하나님께 대한 영적 굶주림과 목마름

어떤 사람은 앞에서 언급한, '하나님과 함께하는 합당한 장소' 란 말에 의아해 할 수도 있을 것입니다.

이해를 돕기 위하여 위글스워스가 어떻게 구원을 받았는지를 이야기해 보기로 하겠습니다.

8살 때 위글스워스는 할머니와 같이 조그마한 감리교회에 다녔습니다. 그가 기억하기론 사람들이 교회 중앙에 있는 조그마한 구식 난로 주변에 빙둘러 앉아서 감리교 할머니들이나 부를 수 있는 찬송가를 부르고 있었습니다.

오 어린양 예수

피 흘리신 어린양 예수

갈보리 십자가의 어린양 예수

죽임을 당하신 어린양 다시 사신 어린양

우리 위해 기도하시는 어린양 예수

Part2. 성령님과 스미스 위글스워스

그는 하나님의 영광의 광채가 빛나며 구식 난로 주변을 돌며 춤을 추고 있었습니다. 그때 위글스워스는 성령님의 임재하심을 강하게 느끼게 되었습니다. 그 순간 그는 예수님께서 그의 구세주가 되신 것과 거듭나는 체험을 하게 되었습니다. 그 이후로 위글스워스는 그가 구원받았는지 안 받았는지에 대해서 한 번도 의심을 가져본 적이 없었습니다. 그가 어린 시절에 한 이 체험은 그의 신앙생활에 긍정적인 요소로 작용했습니다.

그는 온 힘을 다해서 해야 할 일은 하고 아닌 것은 아예 하지를 않았습니다. 이 버릇은 나중에 그의 성격이 되어 버렸습니다. 또한 이러한 성격 때문에 구원 받은 후 그는 오직 영적인 일에만 전념하기 시작했습니다. 그 결과 갈수록 그는 하나님께 대한 굶주림은 증가해 갔습니다. 그가 불평을 했다는 것이 아닙니다. 하나님을 더 알아 갈수록 그의 굶주림도 더 증가해 갔습니다.

누군가 나에게 보내준 그의 명함 뒷면에는 위글스워스의 사상을 잘 표현해 주는 구절이 적혀 있었습니다.

내 안에 자아로 충만하면 하나님은 계실 곳이 없습니다. 내 안에 자아가 죽어 질수록 하나님으로 채워지기 시작하며 내 안에 자아가 완전히 죽어지면 하나님으로만 충만해집니다.

하나님의 모든 것에 굶주린 위글스워스는 그 자신이 먼저 변화가 되어지고 깨끗하게 될 때까지 하나님을 기다렸습니다. 그의 백성을 향하신 하나님의 계획에는 권능도 포함하고 있음을 알았습니다. 하나님께서는 자기를 믿는 모든 자들이 권능 있는 자가 되기를 바란다는 것을 위글스워스는 알게 되었습니다.

나약하고 차지도 않고 더웁지도 않는 크리스천의 모습은 그와는 멀었습니다. 그리고 그것을 생각하고 싶지도 않았습니다.

그는 지속적인 영적인 성장이 있어야 함을 알았습니다. 그는 성장 단계에 대해서는 구체적으로 언급하지는 않았으나, 어떤 값을 지불하더라도 주님을 닮고자 하는 최고의 목적을 설정해 두고 있었습니다.

위글스워스는 하나님의 뜻을 이루기 위해서 적절한 하나님의 권능이 없이도 하나님의 일을 할 수 있다는 생각에는 찬성하지 않았습니다.

하나님을 찾고자 하는 열심 가운데, 성령의 폭발적인 역사가 선더랜드에 있는 올 세인트 성공회 교회All Saints Anglican Church에 일어나고 있다고 위글스워스는 듣게 되었습니다.

특히 지난번 오순절날에 많은 사람들이 성령을 받았다는 이야기를 들었을 때는 거기에 가기로 결정을 내렸습니다. 그는 이미 믿을 때 성령을 받은 것으로 알고 있었습니다. 교회에서 그렇게 배웠기 때문입니다.

그러나 방언은 어떻게 하는 것인지는 이해할 수가 없었습니다. 그는 선더랜드Sunder land에 있는 그 교회에 도착하자마자 그들이 방언으로 기도하는 소리를 듣고 싶다고 말했습니다.

거기에 있던 사람들은 위글스워스에게 말했습니다.

"지금 당신에게 필요한 것은 성령을 받는 것입니다. 그러면 들을 수 있게 됩니다."

"저는 이미 성령을 받았는걸요."

나중에 위글스워스가 내게 말했습니다.

"나는 거기에 있던 사람들이 진실하고 신령한 사람들이라는 생각이 들었네. 그러나 방언에 대해서 그들과 논쟁하게 되었다네."

특히 어느 한 선교사님과 자세히 논쟁하게 되었고 나중에는 둘이서 밤새도록 기도를 하게 되었습니다. 연이어 4일을 연속으로 기도한 것입니다.

위글스워스가 이야기했습니다.

"4일간의 기도를 마쳤을 때는 내가 원하는 것은 오직 하나님 한 분 외에는 그 아무것도 없었네."

그렇지만 그는 실생활의 일들 때문에 되돌아가야 했습니다. 그는 그 선교사님께 이제 집으로 돌아가 사업도 돌아봐야 하며 가족도 부양해야 한다고 말했습니다. 떠나기에 앞서 목사님 사모님께로 갔습니다.

"저는 지금 집으로 갑니다. 그렇지만 아직도 저는 방언을 못받았습니다."

그러자 사모님이 말했습니다.

"지금 선생님은 방언이 필요한 것이 아닙니다. 먼저 성령을 받으시기 바랍니다."

"그런데요. 저는 이미 성령을 받았거든요."

위글스워스는 성령이 임하시면 방언이 확 터져버리는 것을 모르고 있었습니다. 하나님이 주시는 것이라면 무엇이든지 받기를 사모하던 위글스워스인지라 기도를 요청했습니다.

"저를 위해서 기도해 주시겠습니까?"

하나님께선 그의 사모하는 영혼을 보셨습니다. 그리고 하나님의 말씀대로, '저가 사모하는 영혼을 만족케 하신 것입니다' 시 107:9 위글스워스는 그때 상황을 이렇게 표현했습니다.

"온몸이 뜨거워졌습니다. 내가 깨끗해짐을 느꼈습니다. 그리고 환상 중에 예수님을 보았습니다. 그다음에 이 세상의 지저분한 것들을 보았습니다. 그리고 빈 무덤을 보았습니다. 나는 방언으로 기도할 수 있게 되었습니다. 그때야 비로소 성령님께서 내게 임하신 것을 알 수 있었습니다."

이 간증에 그는 나중에 덧붙여 말했습니다.

"만약 우리가 삼위일체 하나님의 제 삼위 되시는 분으로 충만해지는 축복이 무엇인지 안다면 만사를 제쳐놓고 성령 충만을 받기 위해서 기도로 기다리게 될 것입니다."

거룩하신 성령님

위글스워스는 우리 몸은 성령님의 성전으로서 거룩해야 하며 절대로 우리 성전 된 육체를 더럽히는 일은 그 어떤 것이라도 용납해서는 안 된다고 믿었습니다.

이에 대해서 사도 바울은 고린도인들에게 이같이 기록했습니다.

> "너희 몸은 너희가 하나님께로부터 받은 바 너희 가운데 계신 성령의 전인 줄을 알지 못하느냐 너희는 너희 자신

의 것이 아니라 값으로 산 것이 되었으니 그런즉 너희 몸으로 하나님께 영광을 돌리라" 고전 6:19-20

위글스워스는 우리 몸이 성령님께서 거하시는 하나님의 성전이라는 사실에 너무나 감격해 하곤 했습니다. 그는 하나님과의 깊은 친교를 통하여 그분의 간섭을 받고 살았으므로 그의 영적 생활을 윤택하게 할 수 있었습니다. 하나님의 자녀가 의에 주리고 거룩함을 쫓는 일을 중단할 때 사단이 틈타기 시작한다고 그는 이야기합니다.

"성령의 첫 번째 호흡을 내 몸에서 감지하는 순간 나는 만사를 제쳐놓고 그분의 임재하심 속에서 더 많은 시간을 그분과 함께 보냈습니다."

그는 참으로 성령님의 감화감동하심에 민감한 사람이었습니다. 종종 나는 사람들로부터 말을 듣곤 합니다.

"하나님께서 저에게 이같이 말씀하셨답니다."

나는 그들의 영적인 생활이 어떠한 지를 아는 데 그런 소리를 들을 때는 두려움을 느끼게 됩니다. 위글스워스는 이런 애기를 좀처럼 하지도 않지만 그가 이야기할 때는 그러한 두려움은 생기지 않았습니다. 위글스워스는 그렇게 할 필요는 느끼지 못했습니다. 그가 이야기 할 때 그것은 100% 하나님께로부터 온 것이었습니다. 그는 오직 성령의 인도하심에 따라 살며 입을 열었습니다.

위글스워스는 그의 기도생활을 통하여 성령으로 기도하였습니다. 우리 마음으로 이해하기엔 너무 어려운 것들이나 우리말로 표현하는 데 한계가 있는 것들은 방언으로 하나님께 기도했습니다. 왜냐하면 우리의 영만이 우리 속사정을 가장 잘 알기 때문입니다.

위글스워스는 방언으로 기도할 때 때로는 자기방언을 통역하기도 했습니다. 나는 그가 종종 그렇게 하는 것을 보았습니다. 그때마다 그것은 잊을 수 없는 귀한 경험들이 되었습니다. 방언 통역은 참으로 깊은 영적인 체험이었습니다.

어떤이들은 이 방언 통역에 대해서 의구심을 일으켰지만 이것은 매우 성서적입니다.

> "그러므로 방언을 말하는 자는 통역하기를 기도할지니"
>
> 고전 14:13

반대할만한 근거는 전혀 없는 것입니다.

나는 스미스 위글스워스가 그의 방언을 통역하는 것을 들었을 때 그것이 하나님에게서 나오는 것임을 알게 되었습니다. 이것을 알게 해 주는 좋은 증거가 그의 언어의 변화입니다.

위글스워스는 교육을 받은 사람이 아니었기에 그가 말할 때 문법은 엉망이었습니다. 하지만 그가 방언을 통역할 때엔 고급수준의 영어 문법을 구사했습니다. 의심할 여지없이 이것은 기적적인 일이었습니다.

성령으로 기도하는 비밀을 안 위글스워스는 자기 자신을 훨씬 넘어선 새로운 차원의 세계를 경험할 수 있었습니다.

스미스 위글스워스가 경험으로 알게 된 것이 고린도전서 14장 14-15절에 기록되어 있습니다.

> "내가 만일 방언으로 기도하면 나의 영이 기도하거니와

> 나의 마음은 열매를 맺지 못하리라 그러면 어떻게 할까 내가 영으로 기도하고 또 마음으로 기도하며 내가 영으로 찬송하고 또 마음으로 찬송하리라" 고전 14:14-15

위글스워스가 기도하다가 갑자기 이상한 말로 기도하는 것을 종종 볼 수가 있었습니다. 기도가 깊어질 때 그는 방언으로 기도하기 시작했습니다. 특히 몸부림치며 간구할 때 이렇게 기도했습니다.

로마서 8장 26-27절에 이렇게 이야기합니다.

> "이와 같이 성령도 우리의 연약함을 도우시나니 우리는 마땅히 기도할 바를 알지 못하나 오직 성령이 말할 수 없는 탄식으로 우리를 위하여 친히 간구하시느니라 마음을 살피시는 이가 성령의 생각을 아시나니 이는 성령이 하나님의 뜻대로 성도를 위하여 간구하심이니라" 롬 8:26-27

나는 스미스 위글스워스가 알고 걸어왔던 비밀, 즉 성령으로 기도하는 이 비밀을 우리 모든 기독교회들이 배울 필요가 있다고 생각합니다.

겸손의 영

위글스워스는 자랑하는 것이 얼마나 위험한 것인가를 알았습니다. 그는 결코 이 교만이 하나님과의 거룩한 교제 사이에 못 들어 오도록 주의했습니다. 이렇게 하기 위해서 그는 매일 성찬을 가졌습니다.

그래서 항상 갈보리 십자가를 바라볼 수 있었고 이 교만을 막을 수가 있었습니다.

> "너희가 이 떡을 먹으며 이 잔을 마실 때마다 주의 죽으심을 그가 오실 때까지 전하는 것이니라" 고전 11:26

종종 주님과 홀로 앉아서 예수님의 몸과 피를 상징하는 떡을 떼고 잔을 마셨습니다. 과연 얼마나 많은 사람들이 그 의미와 중요성을 알고 진지하게 성찬에 참여하고 있을까요?

많은 사람들은 습관적으로 아니면 전통적으로 해왔기 때문에 하는 경우가 많을 것입니다. 성찬에 참여함은 너무나 중요한 의식이어서 그것이 심판이 될 수도 있고 축복이 될 수도 있습니다. 이는 성찬을 어떻게 갖느냐하는 태도에 좌우되는 것입니다. 위글스워스는 최선을 다해 신실함으로 성찬에 참예했습니다. 그의 하는 행동에 모든 책임을 지면서 임한 것입니다. 결과적으로 그는 주님과의 교제가 막히지 아니하고 지낼 수 있었습니다.

그 덕분에 항상 주님의 일에 당황하거나 주저함 없이 준비되어 있었던 것입니다. 종종 그가 말했습니다.

"일의 기회가 주어졌을 때 그 일을 감당하기 위한 준비운동이 필요하다면 그때엔 너무 늦은 것입니다. 기회는 가버리고 그런 기회들은 다시는 주어지지 않습니다."

이러한 자세로 주의 일에 임하는 위글스워스는 조금도 당황하거나 지체하지 않고 일을 처리해 나갔습니다. 다음에 보는 예가 그 좋은 본보기가 될 것 같습니다.

위글스워스가 어느 교회에서 집회를 하던 중에 그 교회 담임 목사님께서 교인 중에 지금 병으로 고생하는 여자분이 계신데 가서 기도 좀 해 줄 수 있는지를 물어 오셨습니다.

위글스워스는 동의했습니다.

그들이 그 집에 도착했을 때, 위글스워스는 이 여자분이 상당한 부자임을 대번에 알 수 있었습니다.

두 사람은 여자분이 누워 있는 방으로 안내되었습니다. 여러 종류의 약을 담은 병들이 침대 옆에 있는 조그마한 테이블에 놓여 있었습니다.

목사님께서 말하셨습니다.

"우리는 성도님을 위해서 기도하러 왔습니다."

그러나 위글스워스는 그 여자분을 바라보며 말했습니다.

"저는 아닙니다. 내가 보니 당신은 병을 즐기고 계시는군요. 성도님은 기도를 원치 않으십니다."

이 말을 마친 후 그는 방을 나가서 차 안에 가서 목사님이 오실 때까지 기다리고 있었습니다.

여자분을 위로한 후에 몹시 불편한 모습으로 밖으로 나온 목사님은 위글스워스가 있는 차 안으로 와서는 말했습니다.

"지금 당신은 교회에 큰 실수를 하셨습니다. 저 성도님은 교회에 많은 헌금을 하는 사람입니다."

위글스워스도 대꾸하였습니다.

"아, 그래요. 그것참 문제군요."

"그 봐요. 아마 그 여자분은 더 이상 우리 교회에 안 나올 거란 말이에요."

"걱정하지 마십시오. 그 여자 성도님은 꼭 돌아옵니다. 그것도 아주 **빠른** 시일 내에 말입니다."

대답하는 위글스워스의 목소리에는 평안으로 가득 차 있었습니다.

그 두 사람은 목사님의 사택으로 가서 차 한잔을 마시고 저녁예배를 인도하러 교회로 향했습니다. 그런데, 아파서 침대에 누워만 있던 그 여자분이 그날 저녁예배에 걸어서 나온 것입니다.

그녀는 앞으로 나와 기도를 요청했습니다.

위글스워스가 물었습니다.

"이제 준비가 되셨습니까?"

"예, 그렇습니다. 오늘 오후 저희 집을 다녀가신 후 저에게 하신 말씀이 사실임을 알게 되었습니다."

그날 저녁 이 여자분은 완전히 고침을 받게 되었습니다.

예배와 사역의 영

하나님과의 깊은 교제 속에서 드려지는 예배가 얼마나 큰 비밀인지를 위글스워스는 알게 되었습니다. 종종 우리는 예배를 현실적으로 만들려고 합니다. 그러다가 나중엔 아주 기계적인 예배가 되어버립니다.

진정한 예배는 성령의 인도하심으로 드리는 것입니다. 이러한 예배 속에서 우리는 영혼의 깊은 곳에서 샘솟듯 솟아나오는 참 예배를 맛볼 수가 있는 것입니다.

요한복음 4장 23-24절에서 예배에 대해 이야기하신 주님의 의도를 위글스워스는 그의 경험을 통해 이해할 수 있었습니다.

> "아버지께 참되게 예배하는 자들은 영과 진리로 예배할 때가 오나니 곧 이 때라 아버지께서는 자기에게 이렇게 예배하는 자들을 찾으시느니라 하나님은 영이시니 예배하는 자가 영과 진리로 예배할지니라" 요 4:23-24

위글스워스는 참으로 신령과 진정으로 하나님께 예배드렸습니다. 그것은 그가 신앙생활을 통하여 배운 가장 깊은 영적인 체험이었습니다.

하나님과 깊은 사귐 속에서 위글스워스는 안수를 포함해서 나누어 줌의 사역Impartation에 대한 비밀과 중요성을 알게 되었습니다. 나중엔 한 단계 더 높은 나눠줌의 사역을 알게 되었습니다. 그는 안수하지 않고도 영혼들의 필요를 채워 줄 수가 있었습니다.

위글스워스의 집에서 언덕 아래로 아름다운 매닝햄 공원이 하나 있습니다. 공중공원으로서는 매우 아름다운 정원들이었습니다. 나는 그 공원을 지날 때마다 위글스워스와 그가 축복했던 사람들을 떠올리곤 합니다.

그가 집에 머무를 때면, 공중공원에 가서 한참 동안 앉았다가 오곤 했습니다. 종종 같은 벤치에 딴 사람과 같이 앉아 있기도 했습니다. 같은 공원 벤치 의자에 앉게 되면 아무말도 하지 않고 옆 사람에게 무엇인가 중요한 것을 나누어 주었습니다.

만일 그 사람이 구원을 받지 못했으면 조용히 옆 사람이 확신을 가지고 구원을 받을 수 있도록 마음으로 기도했습니다. 옆 사람에게 무엇이 지금 필요한지를 위글스워스는 알 수 있었습니다. 그는 누구에게도 물어볼 필요가 없었습니다. 그는 성령님의 가르치심으로 사람들의 필요를 알 수 있었습니다. 옆에 앉은 사람은 얼마 안 가서 먼저 그에게 자신의 심정을 토로하기 시작했습니다. 모든 사람이 문제를 해결 받고 갔습니다.

위글스워스가 항상 이야기했습니다.

"만일 당신이 생명을 사역하지 아니하면 죽음의 사역을 하게 될 것입니다. 그리고 사람들이 더 악화되어 있는 것을 발견하게 될 것입니다."

이는 만나는 사람들에게 복음을 증거하거나 그들의 문제를 해결해 주지 못했을 때엔 그들이 더욱 어려워지고 죽음으로까지 갈 수 있음을 의미합니다.

위글스워스는 '받는 부흥회'를 많이 강조했습니다. 다른 사람들이 이야기하는 것처럼 '받기를 기다리는 부흥회'라고 하지 않았습니다.

그는 사람들에게 이야기했습니다.

"여러분은 성령님을 기다릴 필요가 없습니다. 이미 하나님께서 우리에게 부어주시도록 허락된 것입니다. 그분이 여기에 와 계십니다. 우리는 기다리는 것이 아닙니다. 이미 와 계신 그분을 마음을 열고 영접하는 것입니다."

그는 사람들을 서게 한 후에, 그들에게 믿음으로 받으라고 이야기 한 후 큰 목소리로 말했습니다.

"제가 다섯까지 셀 것입니다. 다섯 했을 때, 내가 하라는 대로 하시기 바랍니다."

그가 다섯 했을 때 사람들이 방언으로 말하기 시작했습니다. 마치 성령의 물결이 부흥회 장소를 휩쓸고 지나가는 것 같았습니다.

위글스워스는 복음을 전파하는 것과 목회하는 것에 차이가 있음을 설명합니다. 하나님의 뜻으로 그리스도 예수의 사도 된 바울은 그 자신을 목회자로 언급합니다. 로마사람들에게 편지를 쓸 때도 그는 분명하게 이에 대해 이야기합니다.

> "내가 너희 보기를 간절히 원하는 것은 어떤 신령한 은사를 너희에게 나누어 주어 너희를 견고하게 하려 함이니" 롬 1:11

그리고 다시 데살로니가전서 2장 8절에서도 그는 언급했습니다.

"우리가 이같이 너희를 사모하여 하나님의 복음뿐 아니라 우리의 목숨까지도 너희에게 주기를 기뻐함은 너희가 우리의 사랑하는 자 됨이라" 살전 2:8

바울이 이야기한 이 나눠줌Impartation은 성령으로 말미암아 주는 것입니다. 우리에게 나눠줄 것이 없으면 아무것도 줄 수가 없습니다. 이것으로부터 우리는 위글스워스가 이야기한 요점을 알 수가 있습니다. 즉, 우리가 만일 우리를 만나는 영혼들에게 영혼 구원하는 일이나 생명을 나눠주는 이 일을 하지 않으면 그 영혼들은 죽고 말 것입니다.

기독교인으로 부르심을 입은 자들은 이 일을 해야 할 큰 책임이 있는 것입니다. 우리는 우리 자신을 위해 살지 않습니다.

위글스워스는 상황이 어떠하든지, 어른이든지, 아이들이든지, 만약 우리가 주님을 위해서 살면 믿음으로 말미암은 성령의 사역을 감당할 수 있다고 분명히 이야기합니다.

그림자 권능

만약 우리가 마땅히 얻어야 할 결과를 얻지 못한다면 우리는 그 원인을 발견해 내기 위해서 우리 마음을 점검해봐야 합니다. 사도 요한은 초대교회 성도들에게 이같이 기록합니다.

> "사랑하는 자들아 만일 우리 마음이 우리를 책망할 것이 없으면 하나님 앞에서 담대함을 얻고 무엇이든지 구하는 바를 그에게서 받나니 이는 우리가 그의 계명을 지키고 그 앞에서 기뻐하시는 것을 행함이라" 요일 3:21-22

위에 기준은 좀 높은 것 같습니다. 그러나 우리 믿는 자가 할 수 있는 사역은 무엇이든지 할 수 있는 잠재력이 있다는 것을 잊어서는 안 됩니다. 그리고 스미스 위글스워스의 사역도 무한정이었습니다.

위글스워스가 샌프란시스코를 방문했을 때 수많은 사람들은 그에게서 거리에 다니면서 일어난 역사들에 대해서 들고 싶어 했습니다. 사람들이 병자들을 데려와서 요 위에 뉘이고 위글스워스의 그림자가 지날 때에 혹 그 그림자라도 덮이기를 바라고 있었습니다. 그림자가 닿는 사람마다 병든 사람들이 다 나음을 얻었습니다.

이것은 바로 신약에 나타난 사역입니다. 바로 사도행전 5장 15절에 이렇게 기록되어 있습니다.

> "심지어 병든 사람을 메고 거리에 나가 침대와 요 위에 누이고 베드로가 지날 때에 혹 그의 그림자라도 누구에게 덮일까 바라고" 행 5:15

위글스워스는 예수께서 위임하신 사도들의 사역은 그들의 죽음과 함께 끝난 것이 아니라 아직도 믿는 자 속에서 주님 오실 때까지 역사하고 있다는 것을 증명한 것입니다.

수세기를 거쳐오는 동안 교회에 이러한 이적과 기사가 없었으므로 어떤 사람들은 신약에 나타난 이런 능력 있는 사역들은 이미 끝나버렸다고 결론을 내리고 말았습니다.

마가복음 16장 15-18절에 예수님께서 주신 명령을 검토해 보시기 바랍니다.

> "또 이르시되 너희는 온 천하에 다니며 만민에게 복음을 전파하라 믿고 세례를 받는 사람은 구원을 얻을 것이요 믿지 않는 사람은 정죄를 받으리라 믿는 자들에게는 이런 표적이 따르리니 곧 그들이 내 이름으로 귀신을 쫓아내며 새 방언을 말하며 뱀을 집어올리며 무슨 독을 마실지라도 해를 받지 아니하며 병든 사람에게 손을 얹은즉 나으리라 하시더라" 막 16:15-18

위글스워스는 예수를 믿는 자는 누구든지 사도들이 했던 권능들을 행할 수 있다고 강력하게 주장했습니다. 그의 마음 속에는 왜 그들은 지금도 믿는 자에게 이적 막 16:17-18이 따른다는 것을 깨닫지 못할까 하고 의아해 했습니다.

기독교 역사상 교회의 몇몇 사람들이 이러한 이치를 깨달았던 증거들이 여러 군데에서 발견되어 집니다.

이 세상에 하나님의 능력을 드러냈던 여러 하나님의 사람들처럼 우리도 어떻게 이러한 사역을 감당할 수 있을까요?

은사를 발전시키고 스미스 위글스워스와 같은 사역을 감당하는 길만이 땅끝까지 이르러 능력의 하나님의 복음을 전파하는 데 도움이 될 것입니다. 만약 한 사람이라도 지금까지 읽어온 이 책 내용대로 한다면 제가 지금까지 이 책을 써온 보람이 있게 될 것입니다.

지금도 잊어버릴 수 없는 위글스워스의 한 집회에서 일어난 귀한 체험이 있습니다. 그가 우리 교회에 올 때마다 우리 목사님은 강단을 전적으로 그에게 맡겼습니다.

그가 강단에 서자마자 위글스워스는 말했습니다.

"무언가 하나님께로부터 응답받기를 원하는 사람은 누구든지 손을 드십시오."

손들이 다 올라갔습니다. 다시 말했습니다.

"하나님의 축복을 받기를 원하는 사람은 다른 손을 드십시오."

그러자 거의 모든 사람이 그들의 한쪽 손도 다 하늘 높이 드는 것이었습니다.

결국 모든 사람이 두 손을 높이 드는 것입니다.

또 다시 말했습니다.

"계속 손을 드십시오. 집에 돌아갈 때 하나님의 축복을 가지고 돌아가고 싶으신 분은 일어서기 바랍니다."

거의 모든 사람들이 두 손을 든 채로 일어났습니다. 일어서자마자 하나님의 영광의 물결이 온 회중을 휩쓸고 지나갔습니다. 분위기는 온통 전기가 흐르는 듯했습니다. 이 시간을 통하여 모든 사람들의 필요가 응답이 되었습니다.

이것이 바로 위글스워스가 의미한 성령의 역사하심이었습니다.

어느 누구도 이런 큰 회중 앞에서 일어나는 성령의 역사를 비판하지 못했습니다. 위글스워스는 이러한 현상을 다음과 같이 설명합니다.

"먼저는 믿음이 있어야 합니다. 그러면 하나님께서 그 믿음대로 역사하십니다."

위글스워스가 특별히 다뤘던 부분 중에 하나는 결혼문제에 대한 것이었습니다. 위글스워스는 항상 하나님의 방법들을 사용했으며, 그 해결된 경우들은 하나님의 말씀에 충실했으며 오랫동안 지속되었습니다.

손수건 이적

한번은 어느 여자분께서 아들의 결혼생활에 문제가 생겨 도움을 구하러 위글스워스에게 왔습니다. 그 여자분의 젊은 아들은 주님을 참으로 사랑했으며 현숙한 여자와 결혼하게 되었습니다. 그러나 얼마 후에 이 젊은이는 타락의 길로 빠져들었습니다. 결국 그는 아내를 버리고 어머니가 계시는 고향으로 되돌아왔습니다. 모든 상황은 어머니를 어렵게 만들었으며 심적으로 큰 고민이 되었습니다.

"혹시 손수건이 있으면 저에게 주시겠습니까?"

위글스워스가 그 여인에게 말하자 하나를 건네 주었습니다. 그러자 그는 그것을 손바닥 사이에 두고 기도했습니다.

"주님! 이 젊은이가 양심이 찔려서 죄책감이 들게 하시옵소서!"

기도를 마치고는 그 손수건을 여인에게 건네 주었습니다. 그리고 가서 이 손수건을 아들 베개밑에 놓아주고 이 사실을 그 아들에게 이야기하지 말라고 하였습니다.

이 여인이 집에 도착했을 때, 마침 아들이 없었습니다. 그래서 위글스워스가 시키는 대로 하였습니다.

아들이 돌아왔을 때, 시간은 꽤 늦었으며 그 여인은 이미 자고 있었습니다. 집에 들어온 지 한참만에 아들은 방에 들어가 겉옷을 벗고 침대에 누웠습니다. 그의 머리가 베개에 닿자마자, 그는 참으로 무서운 죄책감에 사로잡혔습니다.

허둥지둥, 침대에서 빠져나온 그는 무릎을 꿇고 앉았습니다. 그리고 진심으로 회개하기 시작했습니다.

이미 자정이 다 되었지만 어머니를 깨웠습니다.

"어머니, 걱정 마세요. 저 다시 집으로 돌아갑니다. 내일 뵐게요."

그렇게 자기 집으로 돌아갔습니다.

그가 다시 집으로 돌아가서는 그의 아내와 영광스러운 화해Reconciliation를 하게 된 것입니다.

수많은 결혼문제가 위글스워스의 사역을 통하여 해결되었습니다. 그의 해결 방법에는 어떤 요령이 있지 않았습니다. 항상 놀라운 하나님의 능력에 의해서 해결되어졌습니다.

왜냐하면 때로는 정반대의 태도로 마치 횡포를 부리는 부랑자와 같이 문제자들에게 엄포를 놓기도 했습니다. 그러나 위글스워스는 항상 진실했으며 그의 그칠 줄 모르는 진실함은 구름 사이에서 햇빛이 나오듯 빛났습니다.

또한 그는 뜨거운 사랑과 긍휼의 소유자였습니다.

두 부부가 위글스워스의 이런 접근방법에 대한 두려움이 사라지게되면 그들은 그들의 심정을 그에게 다 털어 놓게 되었습니다.

그 이야기를 듣는 위글스워스의 얼굴엔 눈물로 범벅이 되었습니다. 그와 상담했던 모든 부부는 문제가 해결된 채로 떠나게 되었습니다.

결혼문제를 해결함에 있어서 사람들은 거의 자동적으로

심리학적인 방법을 택하기 쉽습니다. 거의 모든 사람들의 심리는 이렇게 작동합니다.

그러나 위글스워스는 항상 하나님의 음성에 귀를 기울였습니다. 하나님 아버지께서 주시는 충고를 듣기 원한 것입니다.

위글스워스에겐 어떤 특별한 테크닉은 없었습니다. 그의 영혼 속에 있는 하나님의 사랑으로 언제나 일을 처리해 나갔습니다. 그는 하나님의 사랑이 없는 테크닉은 아무것도 아니라는 것을 잘 알았습니다.

그는 고린도전서 13장 1-2절 말씀을 적용하며 살았습니다.

> "내가 사람의 방언과 천사의 말을 할지라도 사랑이 없으면 소리 나는 구리와 울리는 꽹과리가 되고 내가 예언하는 능력이 있어 모든 비밀과 모든 지식을 알고 또 산을 옮길 만한 모든 믿음이 있을지라도 사랑이 없으면 내가 아무 것도 아니요" 고전 13:1-2

스미스 위글스워스는 이 말씀을 그의 생활과 사역에 적용하며 살았습니다. 4절에 계속 이야기합니다.

"사랑은 오래참고 사랑은 온유하며…" 고전 13:4

사랑은 그 어느 상황에서도 최고의 가능한 작품을 만들어 냅니다. 사랑은 아무리 최악의 상황이라 할지라도 긍정적인 면만을 바라보며 가능성을 키웁니다.

이러한 이유로 모든 것이 실패하더라도 사랑만은 성공합니다. 바로 이 하나님의 사랑이 위글스워스의 사역에 큰 성공을 가져온 것입니다.

영혼 구원의 영

위글스워스가 영혼을 구하는 방법을 배우기 위해서 복음주의 신학교를 다녔다거나 통신과목에 등록했다는 것에 대해 잘 아는 바가 없습니다.

사실상 그때 당시에 이러한 복음주의 신학교들이 있었는지도 잘 모르겠습니다. 그때 당시 초기 감리교회에서는 하나님의 일을 할 자격의 기준이 얼마나 많은 학위가 있으며, 얼마나 설교를 잘하는지에 있지 않고 얼마나 많은 영혼들을 주님께로 인도할 수 있는지에 있었습니다.

위글스워스는 영혼구원에 대한 뜨거운 열정을 가지고 있었습니다. 그와 그의 아내는 매주 토요일 밤을 기도로 보냈습니다. 그리고 주일에 적어도 50명의 영혼들을 보내 달라고 간구했습니다.

그는 그들이 50명의 새로운 영혼들을 얻게 될 것을 확신했습니다. 그리고 실지로 그 영혼들이 교회에 오게 되었습니다.

위글스워스는 우리가 일반적으로 생각하는 그런 사역을 하지 않았습니다. 그와 그의 아내는 영혼을 구원하는 군대에 있었던 것입니다. 그러나 실은 그는 자기의 사역 초기부터 이 영혼구원에 초점을 맞추며 사역해 온 것입니다.

소년 시절 때 그는 다른 친구들을 그리스도에게로 인도했습니다. 그는 크리스천이라고 하는 같은 또래 친구들이 어떻게 영혼구원에 대한 부정적인 자세를 가지고 있는지 이해할 수가 없었습니다.

위글스워스에게 있어서 영혼구원을 위해서 어디로 가야 할지에 대해서 하나님께 간구하는 것만이 그가 가진 유일한 영혼구원에 대한 테크닉이었습니다.

영혼구원에 있어서의 성령의 인도하심, 그것만이 그가 가진 모든 것이었으며 그가 항상 찾았던 것입니다. 영혼구원에 대한 기술을 습득하기 위해 어떤 자료를 연구하기보다는 그는 자신의 귀를 활짝 열고 하나님의 음성에 귀를 기울였습니다. 그때마다 많은 영혼들을 얻을 수가 있었습니다.

솔로몬이 왕이 되고 난 후 하나님께서 그에게 나타나셨습니다.

"…내가 네게 무엇을 줄꼬 너는 구하라" 왕상 3:5

그러자 솔로몬은 아버지 다윗을 이어 이스라엘 왕이 되게 허락하신 하나님을 먼저 찬양했습니다. 그리고 하나님께 기도했습니다.

> "나의 하나님 여호와여 주께서 종으로 종의 아버지 다윗을 대신하여 왕이 되게 하셨사오나 종은 작은 아이라 출입할 줄을 알지 못하고 왕께서 택하신 백성 가운데 있나이다 그들은 큰 백성이라 수효가 많아서 셀 수도 없고 기록할 수도 없사오니 누가 주의 이 많은 백성을 재판할 수 있사오리이까 듣는 마음을 종에게 주사 주의 백성을 재판하여 선악을 분별하게 하옵소서" 왕상 3:7-9

9절에 있는 '지혜로운Understanding'의 말은 히브리어로 '들을 수 있는Hearing'을 의미합니다. 그래서 9절은, '들을 수 있는 마음을 또는 경청할 수 있는 마음을 종에게 주사'로 이해되어야 합니다.

이것이 바로 위글스워스가 가진 자세였으며 어떻게 그가 큰 확신을 가질 수 있었던가를 보여주는 것입니다.

개인적으로 위글스워스는 두려움이 무엇인지 모르는 사람이었습니다. 그러나 그는 교회에서 발생하고 있는 현상에 대해서 특히 영혼들에 대하여 교회가 대하는 태도에 대해서는 너무나 두려워했습니다.

그는 이렇게 한탄하곤 했습니다.

"이 얼마나 영혼들에 대한 무관심인가! 우리에게 전혀 상관도 없는 하찮은 일에 너무나 매여 있구나."

그가 이야기하기를 우리에게 가장 필요로 하는 것은 잃어버린 영혼들에 대한 부담을 갖는 것이라고 했습니다. 그는 항상 잃어버린 영혼들에 대한 관심을 버릴 수가 없었습니다. 그 영혼들에 대하여 많은 눈물을 흘렸습니다.

시편 기자의 기록들이 그에게 큰 의미를 주었습니다.

"울며 씨를 뿌리러 나가는 자는 반드시 기쁨으로 그 곡식 단을 가지고 돌아오리로다" 시 126:6

위글스워스는 무슨 일을 하든지 주님을 사랑하는 마음에

서 했습니다. 결코 보상을 기대하는 마음으로 일하지는 않았습니다.

특히 어린이들을 사랑하는 그의 마음은 그들로 쉽게 예수님을 영접하게 했습니다. 그는 가끔 해변도시인 리버풀에 가곤 했습니다. 거기에 가서 아이들을 모으고 그들에게 주님에 대해서 이야기했습니다. 그들 중 많은 아이들이 가난 속에서 살았으므로 위글스워스가 가진 돈은 거의 그들을 위해 사용했습니다. 수백 명의 어린이가 그리스도에게로 인도되었습니다. 그는 매주 주일은 금식했습니다.

매주일마다 50명 이상의 영혼들이 구원을 받았습니다. 우리 모두에게 얼마나 놀라운 영적인 도전입니까!

그의 모든 개인적인 만남에 있어서는 위글스워스는 항상 적절한 말로 적절한 시기에 적절한 장소에 있었습니다.

그를 비판하는 자들은 그것이 우연의 일치라고 했습니다. 그러나 우연이라고 하기엔 너무나 많은 일들이 일어났습니다. 그의 개인적인 접촉은 수천 건을 헤아립니다.

위글스워스의 비밀은, 그는 항상 하나님의 보좌에 접촉이 되어 있었다는 것입니다.

그는 신학적인 논쟁을 할만한 어떠한 시간적인 여유가 없었습니다. 왜냐하면 그의 오직 유일한 목적은 잃어버린 영혼을 구하는 것이었기 때문입니다. 위글스워스는 한번 기차에서 일어난 일을 나에게 간증한 적이 있습니다. 이 간증은 그가 영혼을 구하는데 어떻게 하나님의 인도하심을 받았는지에 대한 좋은 예가 됩니다.

어느 정거장에서 기차가 잠깐 멈추었습니다. 다리를 펴기 위해서 잠깐 나갔습니다. 자리에 다시 돌아와 보니 같은 구간 내에 몇 사람들이 더 앉아 있었습니다.

그가 잠시 자리를 비운 동안에 어느 젊은 여자와 그녀의 어머니가 앉은 것입니다. 위글스워스는 젊은 여자에게 물었습니다.

"당신은 슬퍼 보이는군요."

젊은 여자가 이야기 했습니다.

"그럴만한 이유가 있답니다. 저는 지금 다리를 하나 절단하기 위해 병원에 가고 있습니다."

그 여인에게 물었습니다.

"예수님께서 당신을 구하실 수 있다는 것을 아십니까?"

"그게 무슨 말씀이시죠?"

그러자 위글스워스는 두 여자에게 구세주에 관해서 이야기하기 시작했습니다. 곧 그들은 주 예수 그리스도를 영접했습니다.

그는 젊은 여자에게 말했습니다.

"자매님의 영혼을 구원하신 주님은 자매님의 육체도 치료하실 수 있습니다. 그걸 믿으십니까?"

"예 믿습니다."

"그렇다면 제가 자매님을 위해서 기도하겠습니다."

그녀의 머리에 기름을 부었습니다. 그리고 그녀를 위해 예수의 이름으로 기도를 했습니다.

기도를 마친 후에 젊은 여자에게 말했습니다.

"지금 병원으로 가 보세요. 그리고 다리를 점검해 보세요. 그리고 의사들에게 자매님은 이제 수술할 필요가 없는 사람인 걸 보여주시기 바랍니다."

스미스 위글스워스 그 능력의 비밀

그가 시키는 대로 행한 젊은 여자분은 그녀가 기적적으로 고침 받았음을 알았습니다. 이 놀라운 하나님의 역사에 위글스워스는 쓰임 받은 것입니다. 그는 하나님의 음성을 들을 수 있는 귀를 가지고 있었습니다.

위글스워스가 영혼구원에 있어서 하나님께서 어떻게 인도하셨는지에 대한 또 다른 예가 있습니다.

한번은 하나님께서 그가 밖으로 나가기를 원하고 계심을 느꼈습니다. 아브라함처럼 그는 어디로 가는지 알지 못한 채로 그저 밖으로 나갔습니다. 지나가는 사람들을 보면서, 하나님께서 누구를 구원하길 원하시는지 의아해했습니다. 전도할 특정한 사람을 발견하지 못한 채 계속 시간이 흘렀습니다.

갑자기 짐 마차를 타고 가는 사람을 보았을 때, 그는 하나님께서 그에게 그 마차에 타라고 하시는 것 같았습니다. 마차를 타고 집으로 돌아가던 에디오피아 내시에게 전도했던 빌립처럼 위글스워스는 순종했습니다.

그 마차 위에 오른 위글스워스는 아주 적대하는 태도로 자신을 맞이하는 마부를 만나야 했습니다.

위글스워스가 실수한 것일까요?

아닙니다. 위글스워스를 밀어뜨리려는 마부의 위협에도 불구하고 그들이 도착지에 도착했을 즈음엔, 그 마부는 그런 행동을 이미 갈보리로 버린 뒤였습니다.

이 일이 있은 지 4일 후 위글스워스의 어머니께서 그에게 물었습니다.

"애야, 혹시 마차를 끄는 마부에게 전도한 적 있니?"

"네, 있습니다."

"그의 아내가 나를 만나러 왔었단다. 자기 남편이 자신을 전도한 사람이 너라고 말해주었다더라. 그녀는 자기 남편이 죽었음을 네게 알리길 원하더구나."

우리는 성령님을 어떤 특정한 방법으로 제한시킬 수 없습니다. 만일 우리가 성령님을 제한한다면, 우리는 홀로 남게 되고 아무것도 할 수 없는 우리 자신을 발견할 것입니다.

위글스워스는 성령님의 음성에 민감했으므로, 그는 어떻게 인도해야 하는지를 예측할 수가 없었습니다.

그가 수천 명의 사람들을 만나며 그들에게 사역하는 가운데 있어서 각각 다른 방법으로 임했습니다. 일어나는 사건들이 서로 다른 것처럼 그의 접근 방법도 달랐습니다.

예를 들면 병자들을 대할 때마다, 어떤 이는 기름을 발랐고, 어떤 이는 그냥 안수만 해 주었으며 다른 이들에겐 그냥 하나님의 말씀만을 전달해 주었습니다. 그렇지만 결과는 언제나 동일했습니다.

그가 사람들에게 접근하는 방법에 대한 질문에 대답했습니다.

"그것은 전적으로 하나님 아버지께서 어떻게 이야기하시는지에 달렸습니다."

죽은 자를 살리는 것과 귀신을 쫓아내는 것에 대해서 질문을 받았을 때, 그의 대답은 항상 동일했습니다.

그는 주님께로부터 받은 지시대로만 각 사건들을 처리했습니다.

그가 예배를 인도할 때에도 어떻게 인도될 것인지에 대해서 누구도 예측하지 못했습니다. 그는 언제나 예배를 담대하게 인도했습니다.

한번은 어느 집회단상에 서자마자 그가 이야기했습니다.

"여섯 분만 대표로 기도해 주시겠습니까? 짧고 간략한 기도를 부탁합니다. 만일 여러분이 지금 하늘과 연결되어 있다면 축복이 쏟아지는데 20분 이상 걸리지 않을 것입니다."

기도할 때나 간증할 때에 언제든지 첫 번째로 나서는 여자분이 기도를 시작했습니다. 전 세계를 한 바퀴 도는 형식적이고 판에 박히는 기도를 벗어나지 못하고 있었습니다.

위글스워스는 그 여자분을 바라보았습니다. 그리고서 갑자기 말했습니다.

"성도님! 앉으시지요. 그만 하셔도 되겠습니다. 지금 우리는 그러한 기도를 원하지 않습니다. 다음분 기도해 주시지요."

일반적으로 위글스워스의 이런 행동은 부흥회 분위기를 망쳐 놓을 수가 있습니다. 그러나 그의 집회에서만큼은 통하지 않았습니다.

그는 성령님의 마음을 알았습니다.

그다음 사람이 서서 기도할 때에, 전체 분위기는 하나님의 임재하심으로 충전됐습니다.

그를 비판하는 자들은 이렇게 이야기할지 모릅니다.

"그는 아마 어떤 기교를 부리는 것일 거야."

과연 스미스 위글스워스가 이 '기교' 라는 단어를 알았는지조차도 의문입니다. 그는 단순히 하나님께서 그에게 말씀하신 대로 설교했습니다.

그 결과 모든 이들이 그의 설교를 이해할 수가 있었습니다. 만약 그가 어떤 꾀를 쓰려고 했다면 예배 분위기는 이미 망가져 버렸을 것입니다.

내가 어느 위글스워스 집회에 참석했을 때의 일입니다.

심한 관절염으로 인하여 앉은뱅이 된 사람이 휠체어에 앉은 채로 그 앞으로 인도되었습니다. 몸에 있는 모든 관절주위에 두꺼운 천을 대었으며 천들이 움직이지 않게 안전 핀으로 다 묶었습니다. 두꺼운 천들을 바라본 위글스워스는 그녀에게 말했습니다.

"이것들은 다 무엇입니까?"

"관절들을 따뜻하게 감싸는 것들입니다."

"그것들을 벗어버리세요. 여기에 있는 핀들은 철물점에 있는 것들보다도 많군요."

그녀와 같이 있던 사람이 모든 관절 부위에서 그것들을 다 떼어 냈을 때 말했습니다.

"그 휠체어에서 나오세요."

"저는 할 수 없습니다."

"만약 당신이 할 수 있었다면 이렇게 하지 않습니다. 그 휠체어에서 일어나세요."

그러자 그녀가 벌떡 일어섰습니다.

"이제 걸으세요."

"저는 할 수 없어요."

"만약 당신이 할 수 있었으면 묻지도 않습니다. 어서 걸으세요!"

"저는 못해요."

그녀 뒤로 간 그는 뒤에서 그녀를 밀기 시작했습니다.

그리고 외쳤습니다.

"자매님 걸으세요. 걸으세요!"

드디어 그녀는 처음으로 걸음을 내딛기 시작했습니다.

위글스워스는 그녀가 하기를 원하는 것에 대해서 설명을 한 것이 아니라, 단지 단호하고 날카로운 명령을 내린 것입니다. 다른 사람들이 어떻게 생각하는지 신경 쓰지 않고 오로지 믿고 나아가니 하나님의 역사가 일어난 것입니다.

그리고 나서 위글스워스가 이야기합니다.

"하나님으로부터 무엇인가 받기를 원하는 사람은 지금 이리로 올라오셔서 받으시기 바랍니다."

한 남자분이 앞으로 올라왔을 때 위글스워스는 그에게 물었습니다.

"무엇을 원하시죠?"

"저는 목에 심한 통증이 있습니다. 수술도 해보았지만 지난 11년 동안 단단한 음식을 도무지 먹을 수가 없었습니다."

"어떻게 식사를 하셨습니까?"

"내가 먹는 모든 음식들을 죽처럼 만들어서 먹어 왔습니다."

기도 대신에 위글스워스는 그에게 이야기 했습니다.

"집에 가세요. 그리고 당신의 아내에게 저녁을 근사하게 차리라고 하세요. 그리고 식사를 하시기 바랍니다. 그리고 내일 저녁에 이리로 오셔서 하나님께서 당신을 위해 행하신 간증을 이 자리에서 하시기 바랍니다."

그 남자분은 위글스워스가 시키는 대로 집에 가서 그대로 순종했습니다. 위글스워스가 이렇게 한것은 다음 두 이유에서 입니다.

첫째, 그는 오직 성령님의 인도하심 따라 행했습니다.

둘째, 그는 그가 하는 모든 사역의 목표를 영혼구원에 두었습니다.

그가 바다여행을 할 때의 일입니다. 배 안에서 오락시간을 담당한 사람이 위글스워스에게 다가왔습니다. 그리고 오락시간을 통해 배에 탄 승객들의 노래 솜씨를 발굴하기 위해서 왔다며 자신을 소개한 후 그곳에 참여하길 요청했습니다.

"위글스워스씨, 오늘 이 프로그램에 참석해 주시겠습니까?"

"제가 무엇을 하면 되겠습니까?"

"어떤 노래든지 상관없습니다."

"글쎄요. 그것은 제 전공분야가 아닙니다만, 한번 해 보도록 하지요."

"좋습니다. 선생님의 이름을 올려놓겠습니다."

위글스워스가 덧붙였습니다.

"그러나 제가 이 오락시간에 첫 번째로 한다는 조건이 있습니다."

"좋습니다."

그 프로그램 시간이 다 됐을 때, 위글스워스는 배 안에 있는 극장으로 갔습니다. 모든 승객들을 환영하는 개회사 후 사회자가 진행을 시작했습니다.

"첫 번째 순서는 브래드포드에서 오신 스미스 위글스워스 씨의 노래입니다."

위글스워스는 무대로 올라가 인사 했습니다. 그리고 복음성가를 부르기 시작했습니다. 노래를 부를 때에 온 열정과 동정과 그 가슴의 사랑이 관중에게 비치기 시작했습니다.

얼마 안 가서 눈물이 그의 얼굴에 흐르기 시작했습니다.

Part2. 성령님과 스미스 위글스워스

이날 오후 오락 프로그램 시간에 무대에 선 사람은 오직 그 한 사람뿐이었습니다. 나머지 시간 동안 그는 그 사람들을 주님께로 인도했습니다.

과연 얼마나 많은 크리스천들이 이런 일에 자원하여 참석할 수 있을까요? 의심할 여지없이 어떤 이들은 아마 이렇게 이야기할지 모릅니다.

"오, 그런 일도 있어요? 그러나 저는 크리스천입니다. 저는 그런 종류의 오락시간에 낄 수가 없습니다."

그러나 위글스워스는 달랐습니다.

그는 그 시간을 함께 여행하는 사람들과 복음을 나눌 수 있는 하나님이 주신 기회로 생각했습니다. 그가 오락에 관심이 있었던 것이 아니라 주 예수를 위하여 영혼들을 구하는 데 있었습니다.

위글스워스가 가는 곳마다 모든 병자가 고침을 받았습니다. 모든 귀신들린 자들이 해방되었습니다. 모든 영혼들이 구원받았습니다. 모든 초자연적인 역사는 하나님 말씀에 대한 확증이었습니다.

스미스 위글스워스 그 능력의 비밀

종종 사람들이 스미스 위글스워스라는 사람은 일생에 한 번 나올까 말까 한 사람이라고 말합니다. 그러나 위글스워스는 그러한 말에 동의하지 않았습니다. 그는 하나님을 믿고 열심히 하면 누구든지 그가 쓰임 받은 것처럼 또는 그 이상 쓰임 받을 수 있다고 믿었습니다.

위글스워스의 사역 성공의 비밀은 그가 자질 있는 사람이었기 때문이 아니라 온전한 헌신 때문이었습니다. 하루 24시간 일주일 내내 언제나 주님께 쓰임 받을 준비가 되어 있었습니다.

하나님께서는 이름도 없던 스미스 위글스워스를 잡으셔서 전 세계를 뒤흔드는 일꾼으로 사용하셨습니다.

교육을 제대로 받지 못해 26세가 될 때까지 읽지도 못하고 쓰지도 못하던 사람을 들어 쓰셔서 확실한 표적과 이적과 기사를 통하여 수많은 사람들을 자유케 했습니다.

위글스워스는 단 한 가지 이유 때문에 그렇게 놀라운 방법으로 하나님께 쓰임받을 수가 있었습니다. 바로 그것은 그가 하나님께 쓰일 수 있도록 자신을 준비시킨 것입니다.

87세가 되었어도 위글스워스는 참으로 강했습니다.
시편 92편 12-14절은 얼마나 놀라운 약속의 말씀입니까?

> "의인은 종려나무 같이 번성하며 레바논의 백향목 같이 성장하리로다 이는 여호와의 집에 심겼음이여 우리 하나님의 뜰 안에서 번성하리로다 그는 늙어도 여전히 결실하며 진액이 풍족하고 빛이 청청하니" 시 92:12-14

14절에 있는 '진액이 풍족하고 빛이 청청하니' 라는 말은 히브리어로 '활력으로 충만하며' 라는 뜻입니다.
위글스워스는 활력이 충만했습니다.
하나님의 생명으로 충만한 것입니다.

믿음과 권능의 영

예수님은 사도행전 1장 8절에 제자들에게 약속하셨습니다.

> "오직 성령이 너희에게 임하시면 너희가 권능을 받고 예루살렘과 온 유대와 사마리아와 땅 끝까지 이르러 내 증인이 되리라 하시니라" 행 1:8

권능Power으로 번역된 이 말은 헬라어로는 두나미스Dunamis 입니다. 두나미스Dunamis에서 다이나마이트Dynamite, 폭발력라는 단어와 다이나모Dynamo, 발전기라는 두 단어가 나옵니다. 권능의 근원 되신 성령님께서 내 안에 내주하시기에 두나미스Dunamis, 권능도 바로 내 안에서 나오게 되는 것입니다. 위글스워스에게도 바로 이 두나미스Dunamis, 권능가 잠재해 있던 것입니다.

그는 브래드포드라는 도시 출신입니다. 그곳은 그에게 있어서 사역하기에 가장 힘든 곳이었습니다. 또한 많은 이적도 나타난 곳입니다. 그러나 많은 사람들에게서 환영받지 못한 장소입니다.

예수님께서 말씀하셨습니다.

> "예수를 배척한지라 예수께서 그들에게 말씀하시되 선지자가 자기 고향과 자기 집 외에서는 존경을 받지 않음이 없느니라 하시고" 마 13:57

미첼이라고 하는 남자분이 위글스워스의 집에서 멀지 않은 곳에 살고 있었습니다. 가끔 그와 이야기를 나누었지만 그는 전혀 반응이 없었습니다. 그가 미첼씨가 병에 걸렸다는 이야기를 들었을 때 위글스워스는 그 남자의 상태에 큰 관심을 가졌습니다. 그리고 그를 만나려고 힘을 썼습니다. 만약 어떤 조처가 취해지지 아니하면 미첼씨가 죽을 것이라는 것을 알았습니다. 그러나 미첼씨의 경우은 위글스워스가 직면했던 케이스 중 가장 어려운 것이었습니다.

위글스워스의 노력에도 불구하고 미첼씨를 만날 수가 없었습니다.

어느 날 밤 그의 집회에서 집으로 돌아왔을 때 위글스워스는 그의 아내가 없음을 발견했습니다. 그녀가 미첼씨의 집으로 갔음을 알게 되자 그도 미첼씨 집으로 갔습니다. 도착하자마자 여자의 울음소리를 들었습니다. 현관에서 2층에 올랐을 때, 그는 풀이 죽은 미첼씨의 부인과 만났습니다.

"어떻게 됐습니까?"

"저희 남편이 죽었어요."

위글스워스는 그 방으로 들어갔습니다. 그리고 미첼이 누워 있는 침대로 갔습니다. 침대 옆에 서 있었던 위글스워스의 아내가 만류합니다.

"안 돼요. 스미스 죽었어요."

"그가 살아있을 때에는 그를 위해 아무것도 할 수 없었소. 왜냐하면 그는 믿지를 않았으니까. 그러나 지금은 그를 도울 수가 있오."

"스미스 안 돼요. 너무 늦었어요."

그의 아내가 고집했지만, 어떤 말로 설득해도 그의 굳은 결심을 바꿀 수가 없었습니다. 그는 기도하기 시작합니다.

기도를 다 마쳤을 때 놀랍게도 생명이 그 시체로 다시 돌아온 것입니다!

그리고 이 남자분은 수년 동안을 더 살았습니다.

어느 누가 이런 겁 없고 담대한 행동을 할 수 있을까요?

위글스워스는 모든 상황을 그의 확실한 논리로 해결해 나갔습니다. 그의 가족은 그가 감당할 수 없는 선을 넘을까봐 두려워했습니다.

위글스워스는 하나님에게는, 치통을 치료하는 것과 죽은 자를 살려 일으키는 것에 아무런 차이가 없다고 이야기합니다.

이것이 그의 건전한 논리입니다.

사람들은 죄를 위시해서 모든 것을 쪼개고 분류하기를 좋아합니다.

그러나 하나님은 분류하시지 않습니다. 죄는 죄이고, 기사Miracle는 기사Miracle입니다. 바로 이 위의 사실에 위글스워스는 실질적이었습니다.

스미스 위글스워스를 알지 못하는 사람들은 그가 가까이 가기도 어렵고 만나기도 어려운 사람으로 알고 있습니다. 그러나 그것은 정반대입니다. 그는 사랑이 넘치며 친절했습니다. 그는 항상 어린이들과 이야기하기를 좋아했으며 그들에게 큰 사랑을 받았습니다.

그는 항상 지저분한 도시의 빈민가에서 전도할 때에 그는 외투를 입지 않고 나가곤 했습니다. 그리고 그들과 똑같이 추위를 나누고 싶어했습니다. 추운 거리에 서서 그곳 사람들에게 구원자이신 주님에 대해 이야기해 주었습니다.

위글스워스는 결코 사람의 지위를 따지지 않았습니다. 그는 부자와 가난한 자를 전혀 차별 없이 대했습니다. 그리고 음식을 사 먹기 위해서 구걸하는 가난한 자들에게는 돈을 주곤 했습니다. 그 어떤 반대세력이나 환경도 그를 막지 못했습니다.

스웨덴에서 집회할 때입니다.

수만 명의 사람들이 설교도 듣고 병도 고치기 위해 모여들었습니다. 위글스워스의 설교를 듣기 위해서 수만 명의 사람들이 모여들었고 병든 자도 많이 데리고 왔습니다.

수백 명의 사람들이 구원받고 병 고침을 받았습니다.

정부 당국에서는 위글스워스가 집회를 여는 동기가 돈을 벌기 위한 것이라고 간주했습니다. 이러한 이유로 경찰은 스미스와 7천 명의 교인이 모이는 필라델피아 교회의 담임 목사님을 체포했습니다. 집회와 설교를 제한하는 법률이 없는 관계로 두 분은 풀려나왔습니다.

그러나 당국에서는 위글스워스가 사람들을 안수하지 말도록 경고했습니다. 이 집회 기간 동안 그는 한 번에 수만 명의 사람들에게 설교를 해 왔으며 병든자를 위해서는 한 사람씩 안수기도를 해오고 있었습니다.

지금 사람들에게 안수하는 것이 금지된 상황에서 병든 자를 위하여 어떻게 기도해야 하는지 하나님께 기도하기 시작했습니다. 주님은 위글스워스가 병든 자들을 위해 기도할 때에 한번에 사람들을 모아놓고 집단적으로 기도하도록 인도하셨습니다.

그는 모든 병든 자들로 하여금 자기 자리에 각각 서도록 했습니다. 그리고 설 수 없는 자들은 아픈 곳을 이야기하라고 했습니다. 그는 그들의 손을 아픈 부위에 얹도록 했습니다.

사람들이 그가 시키는 대로 다 따라 했을 때 그는 그들을 위해 기도하기 시작합니다.

기도를 마치자 하나님의 능력은 그 많은 사람들을 휩쓸고 지나갔습니다. 수백 명의 사람들이 병에서 놓임을 받은 것입니다.

여기에서 일어난 이적과 기사는 너무나 놀라운 것이어서 정부 당국도 위글스워스를 막을 수가 없었습니다.

사람들 사이에 잘 알려진 격언이 있습니다.

"뜻이 있는 곳에 길이 있다."

위글스워스의 철학은 달랐습니다.

"하나님이 있는 곳에 길이 있다."

이 두 가지 사이에는 많은 차이가 있습니다.

위글스워스와 그의 집에서 신유사역에 대해서 이야기 나눈 적이 있습니다. 그의 의견을 내게 이야기했습니다.

"앞으로의 신유사역은 점점 더 어려워질 걸세. 불신앙들과 싸워야 할 때 더 어렵지. 시중엔 사람들이 의지하는 비상약들이 많이 나왔지만 신유사역은 더 어려워져. 그래서 사람들로 하여금 이 신유의 역사를 믿게 하기도 더 어려워질 걸세. 우리는 지금 너무나 약에 집착해서 사는 사회에 살고 있다네. 많은 경우에 사람들은 병을 고칠 때 사용하는 기름병보다 아스피린 병을 더 중요하게 여기지."

위글스워스는 종종 이런 이야기를 했습니다.

"불신앙 속에서 살아가느니 차라리 하나님을 믿으며 죽는 편이 낫겠어."

그가 늙어서 죽어가기 때문에 이 말을 한 것은 아닙니다. 시간이 갈수록 그의 믿음은 요동치 아니하고 더욱더 강해져 갔습니다.

불신앙이 얼마나 파괴적인 것인가를 너무나 잘 아는 위글스워스는 모든 영역에서 불신앙에 역행하도록 일부러 자신을 조절해 나갔습니다. 그는 승리할 수 있었습니다.

이 불신앙의 도전이 더 커질수록 그것과 맞서 싸워 이기려는 그의 굳은 결심도 더 커져만 갔습니다. 삶에 있어서 그의 가장 큰 기쁨은 하나님을 신뢰하는 일이었습니다.

예수께서 말씀하십니다.

"나를 보내신 이가 나와 함께 하시도다 나는 항상 그가 기뻐하시는 일을 행하므로 나를 혼자 두지 아니하셨느니라" 요 8:29

위글스워스는 주님을 너무나 사랑했습니다. 그의 유일한 불타는 열정은 오직 주님을 기쁘게 해 드리는 일이었습니다. 히브리서 11장은 위글스워스가 좋아하는 성경 말씀입니다. 11장에서 특히 더 그에게 와 닿는 구절이 있다면 6절입니다.

"믿음이 없이는 하나님을 기쁘시게 하지 못하나니 하나님께 나아가는 자는 반드시 그가 계신 것과 또한 그가 자기를 찾는 자들에게 상 주시는 이심을 믿어야 할지니라" 히 11:6

"11장에 나타난 사람들은 그들 앞에 당한 일들을 믿음을 통하여 승리하였던 사람들입니다. 그들은 모두 나와 같이 평범한 사람들이었습니다."

그는 항상 그 자신을 지극히 평범한 사람으로 여겼습니다.

하나님의 사역에 처음 발을 내 디뎠을 때 그의 시작은 결코 화려하거나 눈부신 것이 아니었습니다. 그는 오직 말씀을 통하여 하나님을 찾았습니다. 그때 하나님도 그를 잡으시고 사용하신 것입니다.

위글스워스는 하나님의 사역에 온전히 헌신 되어 있었습니다. 결과적으로 그는 자기의 삶 동안 하나님의 사람이 되었으며 이 세상에 그가 지나간 흔적을 남겼습니다.

사도시대 후부터 지금까지 스미스 위글스워스만큼 이 사회에 영향을 끼친 사람도 드물 것입니다.

Smith Wigglesworth

::Part 3::

스미스 위글스워스와
성령으로 인도받는 삶

Smith Wigglesworth

스미스 위글스워스의 마음은 오직 성령님으로만 가득차 있었기에 예민하게 사단의 역사를 감지할 수 있었습니다.

요즈음 영국에서는 성령받은 사람이 귀신들릴 수 있다는 말이 가능한지 불가능한지의 문제가 그칠줄 모르는 논쟁의 주제입니다.

위글스워스의 견해로는 성령받은 사람도 귀신들릴 수 있다고 이야기합니다. 그는 지금까지 그런 경우를 취급해 왔고 또 해결할 수가 있었습니다.

영적 전투 - Spiritual Combat

사단의 활동을 분별하기 위해서는 항상 거룩하신 성령님의 임재 속에서 살아야 합니다. 그렇지 않으면 사단의 속임수에 말려들기 쉽기 때문입니다.

죄와 모든 그 부산물에 대해서도 같은 태도를 취한다면

우리는 마귀나 그가 하는 것들에 대해서 조금도 두려워할 필요가 없습니다. 오히려 마귀가 우리를 무서워할 것입니다.

다음의 예는 이것을 잘 보여주는 위글스워스의 삶입니다.

집회 중 그가 단상으로 가까이 가고 있을 때, 갑자기 한 남자가 소름끼치는 소리로 비명을 지르고 있었습니다. 위글스워스는 복도로 내려가 그에게 다가갔습니다. 그러자 그 남자는 일어나 반대방향으로 도망가는 것이었습니다.

위글스워스가 이 남자를 붙잡기 위해서 쫓아갈 때에 의자에 앉아있던 사람들은 길을 내주기위해 움직이는 바람에 의자들이 다 나자빠져 있었습니다.

이 남자분이 제일 뒷좌석에 이르러서 문을 열고 나가려고 할 때 위글스워스는 그를 붙잡았습니다. 두 사람은 바닥으로 쓰러졌습니다.

그러자 위글스워스가 명합니다.

"예수 이름으로 명하노니 이 귀신아, 나갈지어다!"

즉시로 귀신이 쫓겨나가고 그는 예수 그리스도를 주님으로 영접했습니다.

성령님께서 이 사람 속에 든 귀신이 드러나도록 역사하신 것입니다. 그 귀신은 위글스워스 속에 임재하신 성령님을 두려워한 것입니다. 그래서 이 추격이 일어난 것입니다.

이 어둠의 세력들과의 싸움에서도 위글스워스는 결코 두려워하지 않았습니다. 내가 알고 있기로는 그가 귀신들린 사람을 만날 때마다 결코 패배한 적이 없다는 것입니다.

성령님의 권능이 위글스워스를 통하여 너무나 강하게 드러났기에 귀신은 사람들 속에서 언제나 떠나가야 했습니다.

특히 요즈음 더욱 급증하고 있는 미혹의 영들The Seducing Spirits을 분별하기 위해서는 절대적으로 성령님의 도우심이 필요합니다.

위글스워스가 전에 머무른 적이 있는 한 장소를 설명하면서 그곳 사람들은 사단에게 현혹되어 그들의 결혼생활과 가정까지 박살이 났다고 하였습니다. 위글스워스는 그가 예견한대로 심지어 크리스천의 신성한 결혼식까지도 파고드는 사단의 활동을 염려했습니다. 그의 이러한 인식은 나중에 사람들에게 잘 받아들여졌습니다.

위글스워스에 의하면 성령중심의 사랑은 결코 육체가 원하는 대로 끌려다니지 않는다고 말합니다. 성령으로 인도받는 삶만이 이러한 것들을 지배할 수가 있으며 육체와 그것의 요구들은 성령님의 조절하에 놓이게 된다고 그는 믿었습니다.

위글스워스는 말합니다.

"사람이 자라면서 꼭 늙을 필요는 없겠지만 성숙해야 합니다."

그는 완전한 수준에까지 성장한 사람입니다.

나이라든가 크리스천으로 지내온 횟수가 우리의 영적인 상태를 이야기해 주는 것은 아닙니다. 어느 정도 깊이까지 우리가 성령님의 인도하심을 받느냐에 따라 결정되는 것입니다.

위글스워스가 완전한 수준에까지 이르렀다는 증거는 그를 항상 적재적소에 있었다는 것입니다. 항상 성령으로 인도받고 살았으므로 성령님의 지배하에 있었습니다.

그가 말했습니다.

"성령으로 충만한 것만이 최고의 만족입니다. 성령으로 이루어지지 않는 일들은 모두 실패작입니다."

위글스워스는 성령으로 충만했으며 성령으로 빛이 났으므로 그의 집회에서 불신자나 자칭 크리스천이라고 하는 사람들이 큰 죄책감에 사로 잡히는 것은 보통 있는 일이었습니다.

이 때문에 여러 가지 시련 중에 있는 하나님의 사람들은 그의 집회에서 위글스워스가 말했습니다.

"우리는 우리가 가는 곳마다 사악한 세력을 물리치고 분위기를 청결케하는 횃불과 같이 되어야 합니다."

한번은 그에게 어떻게 피곤함을 달래는지 물어보았습니다.

"나는 오직 하나님의 임재 속에서만 안식을 발견한다네. 그것이 내가 필요로 하는 전부이지. 나를 위한 다른 형태의 안식은 없어. 왜냐하면 나는 항상 마귀와 전투를 벌이고 있기 때문이지. 하나님의 임재하심 속에서 안식 외에 다른 형태의 것들은 적들에게 나를 크게 노출시키는 결과를 가져온다네."

그가 하나님을 위하여 그렇게 위대한 일들을 이룰 수 있었던 것은 결코 이상한 일이 아닙니다. 어떠한 어둠의 권세자들이라도 그를 위협할 수가 없었습니다.

항상 그는 거룩한 하늘 보좌로부터 오는 신선함으로 늘 새로웠기 때문입니다.

그는 항상 정결케하는 분위기를 세상의 오염된 분위기 속으로 가지고 다녔기 때문에 가는 곳마다 사람 속에 든 귀신들도 그를 지극히 높으신 하나님의 종으로 알았으며 그 앞에서 소리를 지르며 울었습니다.

성령의 집

위글스워스 뒤에는 하나님의 말씀의 권세가 있었으므로 그는 사자처럼 담대했습니다. 우리를 지탱해주는 성경이 없다면 우리는 허술한 기초 위에 있는 사람들일 것입니다. 불안전한 기초만큼 우리를 두렵게 만드는 것도 없을 것입니다.

하나님의 말씀을 믿는 믿음을 하나님께 보이기만 하면 하나님께서는 따르는 표적으로 그 하신 말씀을 확증하십니다.

> "제자들이 나가 두루 전파할새 주께서 함께 역사하사 그 따르는 표적으로 말씀을 확실히 증언하시니라" 막 16:20

스미스 위글스워스는 하나님의 말씀을 따라 살았습니다. 그 결과로써 지금까지 한 번도 일어난 적이 없는 일들이 이루어짐으로써 하나님께선 그 말씀에 대한 확증을 이루신 것입니다. 말씀에 따른 이적이 일어나지 않았을 때 위글스워스는 왜 그랬을까하고 연구를 시작합니다. 오래가지 않아 다시 이적과 기사들이 일어났습니다. 그는 아브라함이 가졌던 것과 동일한 확신을 가지고 있었습니다.

> "여호와께서 이르시되 내가 하려는 것을 아브라함에게 숨기겠느냐" 창 18:17

때로는 우리는 성경의 어떤 위대한 말씀들은 도무지 체험할 수 없는 것으로 간주해 버립니다. 성경 속의 믿음의 인물들이 전능자에 대한 큰 믿음을 가질 수 있었던 비밀은 주께 대한 그들의 온전한 헌신이었으며 우리도 그들처럼 같은 헌신을 하기만 하면 똑같은 체험을 할 수 있다는 것입니다.

사실상 하나님의 말씀을 달성하는 기준은 그리스도 그분이십니다.

> "그가 어떤 사람은 사도로, 어떤 사람은 선지자로, 어떤 사람은 복음 전하는 자로, 어떤 사람은 목사와 교사로 삼으셨으니 이는 성도를 온전하게 하여 봉사의 일을 하게 하며 그리스도의 몸을 세우려 하심이라 우리가 다 하나님의 아들을 믿는 것과 아는 일에 하나가 되어 온전한 사람을 이루어 그리스도의 장성한 분량이 충만한 데까지 이르리니" 엡 4:11-13

성령님은 우리를 억압하는 그런 말씀을 기록하진 않으십

니다. 대신에 누구나가 도달할 수 있는 어떤 기준을 정하십니다. 내가 지금까지 알기로는 그러한 기준에 가장 근접한 사람은 바로 스미스 위글스워스입니다.

위글스워스의 하나님께 대한 헌신은 그가 가진 전부였습니다. 그래서 무슨 걱정이나 두려움은 없었습니다. 하나님께서는 걱정 근심을 가져오는 모든 것을 다루시기 때문입니다. 하나님은 한번 하신 말씀은 반드시 이루십니다.

위글스워스는 주님을 전적으로 신뢰하였습니다.

그는 하나님을 신뢰하는 자들을 하나님께서는 결코 실망시키지 않는다고 확신했으며 그 표현으로써 다음 노래의 후렴을 부르기를 좋아했습니다.

>그는 실패하지 않습니다.
>
>그는 하나님이시기 때문입니다.
>
>그는 실패하지 않습니다.
>
>그가 맹세하시기 때문입니다.
>
>그는 실패하지 않습니다.

그는 여러분의 일거수일투족을 보시기 때문입니다.

그는 실패하지 않습니다.

그는 당신에게 응답하시기 때문입니다.

26년간 우리 교회를 담임하시며 성경을 가르치는 위대한 교사로 재직하시던 멜러스 목사님은 믿음에 관해서 분명하게 정의합니다. 그의 말에 의하면, 믿음은 세 가지 요소로 구성되어 있습니다.

첫째, 믿음은 믿어야 할 사실Facts입니다.

둘째, 믿음은 순종해야 할 명령Commands입니다.

셋째, 믿음은 누려야 할 약속Promises입니다.

이 세 가지 요소는 스미스 위글스워스의 삶과 사역을 잘 요약해 줍니다.

그는 맹목적으로 하나님의 말씀을 믿었습니다.

그에게 있어서는 성경 외에 그 어떤 것도 없었습니다. 성경 말씀을 절대적으로 믿은 그는 그 말씀에 순종하는 것에 전적으로 헌신되어 있었습니다. 그래서 그 말씀이 그의 현실에 아직 이루어지지 않았을지라도 하나님 약속의 말씀들로 인하여 즐거워하였습니다.

"믿음은 들음에서 나옵니다. 그리고 들음은 그리스도의 말씀으로 말미암는 것이지 주석책을 읽음으로 나는 것이 아닙니다. 믿음은 하나님의 말씀의 원리입니다. 말씀으로 역사하시는 성령님은 진리의 영이라 일컬어집니다. 우리가 착하고 좋은 마음으로 이 말씀을 받을 때, 믿음이 우리들의 심령에서 솟아오르는 것입니다."

위글스워스가 기차로 여행하고 있을 때 같은 좌석에 두 명의 여자분이 앉아있었습니다. 그들과 이야기를 나누게 된 위글스워스는 곧 두 사람이 모녀지간이며 둘 다 병든 것을 알았습니다. 그가 이야기 했습니다.

"지금 제 가방 속에는 정말 믿을만한 치료약이 있습니다. 사실 지금까지 이 약을 먹기만 하면 모든 병이 나았답니다."

그가 이 약에 대해 너무나 이야기를 많이 하니까 이 두 여자분들이 그에게 그 약 좀 나누어 달라고 했습니다. 그래서 그의 가방에서 신약과 구약을 담은 성경책을 꺼내고는 그들에게 다음 구절을 읽어주었습니다.

> "…나는 너희를 치료하는 여호와임이라" 출 15:26

얼마 가지 않아 하나님께선 그 두 사람을 다 치료하셨습니다.

사우스 웨일즈에 있는 카디프라는 곳에 사는 여자분이 그에게 간증집 중 어느 책이 가장 좋으냐고 물어왔습니다. 더하지도 빼지도 않고 대답했습니다.

"마태복음, 마가복음, 누가복음 그리고 요한복음이죠."

그는 종종 말했습니다.

"사람들은 항상 의지할만한 약속의 말씀을 원하고 있습니다."

한 젊은이가 그에게 왔습니다.

"제게 서야 할, 의지할만한 약속의 말씀을 하나 주시겠습니까?"

위글스워스는 그의 성경책을 땅에 내려놓고는 말했습니다.

"이 성경 위에 서시오."

이 말을 들은 젊은이는 마지못해서 그 성경 위에 섰습니다.

"자, 이제 당신은 수많은 약속의 말씀 위에 서 있습니다. 그 약속들 하나하나를 이루워질 줄 믿으시기 바랍니다."

우리가 명심해야할 네 가지 원리가 있습니다.

첫째, 하나님의 말씀을 읽는 것입니다.

둘째, 이 말씀에 완전히 사로 잡힐때까지 말씀에 매달리는 것입니다.

셋째, 하나님의 말씀을 믿는 것입니다.

넷째, 그 말씀에 순종하여 행하므로 옮기는 것입니다.

"나는 항상 옷을 입을 때마다 주머니에 몇 구절의 말씀들을 적어서 가지고 다니며 묵상을 합니다."

여행 중에 어떤 사람들은 책이나 신문 또는 잡지를 읽을 동안에 위글스워스는 항상 성경을 읽었습니다. 그리고 가능한 한 시간이 나는대로 언제든지 성경을 읽었습니다.

"하나님 말씀만이 온전하며 최종적이며 의지할만하며, 가장 새로운 것입니다. 하나님 말씀에 대한 우리의 자세는 거부하지 않는 절대 순종이어야 합니다. 만약 성경이 이렇다 하면

정말 그런 것입니다. 진짜인지 아닌지를 알아내기 위해서 기도할 필요가 없습니다. 오직 있는 그대로 받아들이며 그 말씀에 의지하여 행동할 뿐입니다."

위글스워스는 하나님 말씀 안에 거했으며 그 말씀이 또한 그 안에 거했습니다. 말씀이 육신이 되신 예수께서 영혼을 불쌍히 여기는 마음이 넘친 것처럼 말씀에 붙잡힌 위글스워스도 영혼들의 요구를 느낄 때마다 진심으로 그들을 불쌍히 여기는 심정으로 충만했습니다. 영혼을 불쌍히 여기는 그의 마음은 세월이 흐르면서 쇠퇴한 것이 아니라 더 강해져갔습니다.

바로 이러한 마음속에서 그의 그칠 줄 모르는 열정은 더욱 훨훨 타 올라갔습니다. 그는 성령으로 살며 성령으로 움직였으므로 때론 그의 열정은 더욱 활동적으로 나타나기도 했습니다.

성령 안에서 그는 두려움이 없었습니다.

어느 한 큰 집회Crusade에서 기도를 요청하러 앞으로 나온 수많은 사람들 중에 젊은 여자가 한 분 있었습니다. 성령으로 하나님께서는 위글스워스에게 그 여인은 매우 음란한 삶을 살아가고 있음을 알게 해 주었습니다. 위글스워스는 그 여자분을 난처하게 하지 않기 위해서 아주 조용한 목소리로 이야기합니다.

"집으로 돌아가서는 다신 같은 죄를 짓지 마십시오. 그러면 하나님께서 자매님을 고치실 것입니다."

그 여자분은 집회를 마치고 돌아갔다가 다시 그다음날 저녁 집회에 왔습니다. 병든 자들을 치료하기 위하여 병자들을 앞으로 초청할 때 그녀는 그 가운데 또 끼어 있었습니다.

그녀를 똑바로 쳐다본 위글스워스는 큰 소리로 분명하게 말했습니다.

"지난밤에 집으로 돌아가서는 다신 죄짓지 말라고 자매님께 이야기했습니다. 그러하면 하나님께서 자매님을 치료하실 것입니다. 지금 당장에 돌아가세요."

오직 성령으로 기름부음 받은 자만이 이렇게 할 수 있을 것입니다. 이러한 위글스워스의 말의 권세는 온 회중으로 하여금 정신을 바짝 차리게 하는 신선한 효과를 가져왔습니다.

첫날 집회 때 위글스워스는 그 자매님을 아주 긍휼히 여기며 조심스럽게 대했습니다. 만약 이 자매님이 그가 시키는 대로 했더라면 치료를 받았을 것입니다. 하나님께서 알게 하셔서 위글스워스는 그녀가 집회를 떠난 후에도 여전히 행실을 바꾸지 않았음을 알았습니다. 그는 항상 성령님의 인도하심에 민감했으며 그분의 인도하심에 따라 순종하기만 했습니다.

스미스 위글스워스는 심하게 비판을 받기도 했습니다.

그러나 그는 항상 하나님 말씀대로만 순종하며 살았기에 나중에 그를 비판하는 자들도 그를 이해하게 되었습니다.

그의 목적, 그의 유일한 목표는 사람들의 필요를 해결해 주는 것이었습니다. 하나님께서 항상 그를 신원하여 주심으로 한 번도 그는 당황해본적이 없습니다.

그는 그를 따르는 자들이나 비판하는 자들에 의해서 동요되지 않았습니다. 그는 다음과 같이 이야기하곤 했습니다.

"나는 내가 보는 것 듣는 것에 의해서 움직이지 않습니다. 오직 내가 믿는 대로 움직인답니다."

믿음의 방패

위글스워스는 종종 긴 시간 동안 기도와 금식하는 것에 많이 시간을 내지 못할 때도 여전히 하나님을 절대 신뢰하는 확신 속에서 살았습니다. 그에게 있어서 예수님의 말씀은 살아 운동력이 넘쳤습니다.

회당장 야이로의 딸이 죽었다는 이야기를 들었을 때, 예수님은 말씀하십니다.

"믿기만 하라" 막 5:36

수년을 지내오는 동안 다음에 나오는 노래의 후렴 구절은 그에게 너무나 귀중한 부분이 되었으며 그의 집회 때 주제가 이기도 합니다. 그가 인도하는 집회시엔 언제나 이 찬양을 불렀습니다. 만일 회중들이 부르지 않아도 위글스워스만이라도 불렀습니다.

믿기만 하세요.

믿기만 하면, 모든 것이 가능해집니다.

믿기만 하세요.

2절을 부를 때에는 '믿기만 하세요'를 '주여 믿나이다'로 바꾸어 불렀습니다. 결과는 엄청났습니다. 찬양 중에 병 고침이 일어났습니다. 축복이 그 자리에 쏟아졌습니다.

이 후렴 부분을 부를 때쯤이면 전 회중은 그 자리에서 일어났습니다. 분위기가 뜨거워졌을 때 위글스워스는 이렇게 선포합니다.

"어느 누구든지 평범하게 살 수 있습니다. 그러나 성령으로 충만해지면 전혀 딴 사람이 됩니다."

"믿음이란 무엇입니까?"

묻고 나서는 그는 히브리서 11장 1-2절을 인용합니다.

"믿음은 바라는 것들의 실상이요 보이지 않는 것들의 증거니 선진들이 이로써 증거를 얻었느니라" 히 11:1-2

"믿음의 사람만이 항상 좋은 결과를 갖게 됩니다."

그가 또 즐겨 인용하는 말입니다.

"두려워 보입니다. 그러나 믿음은 이 두려움을 뛰어넘습니다."

종종 회중들에게 말합니다.

"내가 여기 선 것은 여러분을 즐겁게 해 드리려고 하는 것이 아니라 불가능을 향해서 비웃음 칠 수 있는 곳으로 인도하려고 선 것입니다."

그는 누가복음에서 1장 37절 말씀을 좋아합니다.

> "대저 하나님의 모든 말씀은 능하지 못하심이 없느니라" 눅 1:37

그는 이 구절을 믿었으므로 이 말씀을 완전히 믿지 못하는 크리스천들을 이해할 수 없었습니다.

"우리는 우리의 조그마한 믿음의 잣대를 없애야 합니다. 왜냐하면 하나님의 자는 우리의 것보다 훨씬 더 크기 때문입니다. 감히 비교가 될 수 없는 것입니다."

우리 자신과의 위대한 싸움은 큰 믿음을 생산해 냅니다.

위글스워스는 그의 육체에 심한 고통을 가지고 있었으면서도 여전히 초자연적 하나님의 사역을 감당해 나갔습니다.

그를 잘 아는 의사가 엑스레이X-ray 검사를 할 것을 권해왔습니다. 그는 어느 만큼 병이 들었는지 알기 위해서 쾌히 승낙했습니다. 엑스레이 검사 결과 그는 담석중말기로 판명이 났습니다. 의사는 즉각 수술해야 하는 길밖에 다른 방법이 없다고 하였습니다. 이에 대해서 위글스워스는 말했습니다.

"내 몸을 지으신 하나님은 내 몸을 고치시는 분입니다. 그 어떤 칼도 내 몸에 손대지 못합니다."

의사가 물었습니다.

"그러면 콩팥에 든 돌들은 어떻게 하고요?"

"하나님께서 그 돌들을 처리하실 것입니다."

머리를 좌우로 흔들면서 다시 의사가 말했습니다.

"만약 하나님께서 그리하신다면 그것에 대해서 알고 싶군요."

"아시게 될 것입니다."

고통이 증가하면서 위글스워스는 이루 말할 수 없는 고민에 빠졌습니다.

맨섬Isle of Man, 아일랜드해의 섬이라는 곳에서 집회를 인도할 때 피를 너무나 많이 쏟아서 얼굴이 아주 창백해졌습니다. 그는 거기서 또 곧장 스웨덴으로 가서 축복이 차고 넘치는 집회를 인도했습니다. 그의 사위인 제임스 솔터가 동행하고 있었습니다.

그는 나중에 내게 말했습니다.

"매일 밤 위글스워스는 몸에서 빠져나오는 돌들을 처리하기 위해서 침대에 들어갔다 나왔다 하였습니다. 종종 돌들이 마루 바닥에 떨어지기도 하였습니다."

그러나 그는 단 한 번의 집회도 빠뜨리지 않았습니다.

하루 동안에 약 천 명이나 되는 병든자들이 고침을 받았습니다. 심지어 위글스워스는 그가 병 낫기 위하여 기도하는 사람들보다 더 나쁜 상태에 놓여 있었지만은 그의 기도를 통한 병고침의 역사는 엄청나게 일어났습니다. 밤에 잠자리에 돌아와 옷을 벗으면 그의 위아래 내의는 온통 피로 젖어 있었습니다.

다시 스웨덴에서 노르웨이로 갔습니다.

여전히 통증은 계속되고 있었습니다. 또 다시 스위스로 가서 부흥집회를 열었습니다. 무수한 사람들이 구원을 받게 되고 치료도 받게 되었습니다.

그러나 위글스워스에겐 쉴 틈이 없었습니다.

몇몇 사람들은 지금 그가 그의 인생에 있어서 가장 큰 시험을 통과하고 있음을 알았습니다. 믿음으로 그는 결국 굳건히 일어선 것입니다.

다시 미국으로 갔습니다. 그리고 마치 목장에 널려 있는 건초들을 불이 핥으며 지나가듯 미국 전역을 휩쓸고 지나갔습니다.

이 축복받은 집회시간 동안 수천 명의 사람들이 구원받고 병 고침도 받았습니다. 바로 이때는 그가 자신과의 싸움을 시작한 지 6년이라는 긴 세월이 되는 해이기도 했습니다.

제임스 솔터는 다음과 같이 그 당시를 이야기 합니다.

"수년 동안 그와 동행하면서 말씀을 전파하고자 하는 그의 그칠 줄 모르는 열정과 병든자들을 참으로 불쌍히 여기는 그의 궁휼한 심령에 놀라움을 금치 못했습니다. 위글스워스는 큰 시험보다 작은 시험에도 많은 사람들이 넘어지는 것을 보아왔습니다. 그러나 수백 개의 돌들이 그의 몸 밖으로 빠져 나왔으며 그는 드디어 완전히 치료를 받게 되었습니다."

위글스워스는 그 어느 때보다도 더 강한 믿음을 가지고 이 힘든 시험을 통과할 수가 있었습니다. 하나님을 진심으로 신뢰하는 위글스워스를 그 어떤 세력도 흔들 수가 없었습니다. 그의 영광스러운 하나님의 사역은 이 세상이 지어버릴 수 없는 위대한 흔적을 남겼으며 주 예수 오실 때까지 우리 속에서 계속 될 것입니다.

위글스워스가 죽기 1주일 전에 나에게 말한 하나님께서 그를 이 세상에서 일주일 후에 데리고 갈 것이라고 한 것은 단순한 추측에서 나온 것이 아닙니다.

그는 성령에 사로잡혀 말한 것입니다.

15년 전에 그가 했던 말이 생각납니다.

"나는 오늘 주님께 15년간의 생명과 사역기간을 연장해 달라고 기도했습니다."

하나님께서 그의 기도에 응답하시어서 그 이후로 이 주까지가 15년이 되는 날이었습니다.

그가 72세였을 때, 그는 이 간구를 하나님께 올린 것입니다. 그 후 15년 연장된 그의 영광스러운 사역기간 동안 유럽과 미국, 남아프리카 공화국에서 하나님의 말씀을 선포하며 사역을 할 수 있었습니다. 그는 또 그의 조국인 영국에서 어떤 불길한 징조를 보았기 때문에 자기 민족에 대한 복음전파의 무거운 짐을 가지고 있었습니다.

그가 죽기 1주일 전에 이에 대해서 나에게 이야기해 주었습니다. 그는 종종 이런 말을 하곤했습니다.

"어떻게 믿음을 얻을 수 있겠는가? 무조건 밤새도록 하나님께 부르짖기 보다는 1분 동안 하나님을 믿음으로써 그분께로부터 더 많은 믿음을 얻을 수가 있는 것이네."

그는 자신이 설교하고 실행에 옮긴 믿음을 빈틈없이 관리해 나갔습니다.

"여러분은 별로 중요하지도 않는 것을 우선순위로 삼고 살아가지는 않는지요. 믿음으로 사는 삶보다 더 좋은 것은 없습니다. 이 믿음의 삶만이 우리에게 도전과 기쁨을 가져다줍니다."

그를 잘 따르는 사람들에게 말했습니다.

"다음 두 가지를 여러분 자신의 수준에서 벗어나 위대한 하나님의 약속 위에 서도록 도와줍니다. 하나는 청결purity이며, 다른 하나는 믿음입니다. 하나님은 자꾸 뒤를 돌아보거나, 옛날을 그리워하거나 옛 습관대로 사는 자들을 위해서는 아무것도 할 수 없다는 것을 알아야 합니다."

제임스 솔터는 위글스워스의 담대한 믿음에 대해 다음과 같이 이야기합니다.

"우리는 그가 큰 집회 인도차 동행할 때는 약간의 걱정이 앞섰습니다. 왜냐하면 위글스워스가 이 집회를 인도할 때에 어떠한 방법으로 인도할지 아무도 몰랐기 때문입니다. 우리는 그가 너무 멀리too far 가지나 않을까 항상 두려워했습니다. 그러나 그는 그렇게 하지 않았습니다. 그는 항상 이렇게 이야기했습니다."

"하나님 안에서 너무 멀리 갈 수도 없고 사실상 그렇게 할 수도 없습니다."

변함없는 그의 약속의 말씀대로 역사하시는 하나님은 말씀대로 믿고 사는 위글스워스를 한 번도 실망시키지 않았습니다.

마가복음 11장 23-24장에선 이렇게 이야기하고 있습니다.

> "내가 진실로 너희에게 이르노니 누구든지 이 산더러 들리어 바다에 던져지라 하며 그 말하는 것이 이루어질 줄 믿고 마음에 의심하지 아니하면 그대로 되리라 그러므로 내가 너희에게 말하노니 무엇이든지 기도하고 구하는 것은 받은 줄로 믿으라 그리하면 너희에게 그대로 되리라" 막 11:23-24

스미스 위글스워스는 이 말씀에 의지하여 살았으며 이 말씀대로 순종하였습니다. 그리고 하나님께서는 그에게 응답하신 것입니다.

위글스워스의 생애와 사역을 결정지은 믿음과 사랑, 그리고 온전한 헌신을 우리는 본받을 필요가 있습니다. 그렇다고 해서 그를 흉내 내자는 것은 아닙니다.

만일 예수 그리스도 외에 또 다른 훌륭한 사람이라고 해서 우리가 그를 흉내 낸다면 큰 위험이 거기에 도사리고 있습니다.

성령으로 인도받는 사역

어느 특정 교단에 가입한 적이 없던 위글스워스는 그러한 교단에서 주는 임명장 같은 것을 받아 본 적이 없었으므로 성령님께서 주시는 기름부으심과 인도하심만이 그의 비공식적 임명장이었습니다.

이러한 임명장을 가진 위글스워스를 그 지역 사람들이 알아보는 데는 많은 시간이 걸리지 않았습니다. 밖으로 나타나 보이는 그의 열정은 그를 아는 사람들을 참으로 놀랍게 만들었습니다.

브래드포드에서의 보울랜드 거리 선교사역 때부터 열매가 가득한 삶의 마지막 순간까지, 위글스워스의 존재는 쉼 없이 논스톱non-stop으로 일하는 사역자로 인식되어집니다.

사소한 일로 간주할 수도 있지만 그의 충실함 때문에 그의 사역은 크게 축복을 받았습니다.

위글스워스는 하나님의 말씀은 심령을 풍요롭게 합니다 라고 이야기합니다.

스미스 위글스워스는 성령님의 기름부으심은 사역에 있어서 가장 중요한 필수조건이며 모든 크리스천에게 열심을 내게 하고 능력 있는 삶을 유지해 나가는데 필수불가결한 것이라고 믿었습니다. 그래서 이러한 진리를 알지 못하는 크리스천들을 그는 이해하지 못했습니다.

사우스 웨일스에 있는 카디프라는 곳에서는 오직 하나님의 일만 하시는 기독교 지도자들을 위한 큰 세미나가 개최되고 있었습니다.

연합Unity과 조화Harmony가 이 컨퍼런스Conference의 주제였습니다. 그러나 사역에 있어서 두 가지 필수 요소인 성령님과 개인적인 거룩에 초점이 맞추어져 있었습니다.

너무나 민감한 사안인지라 반발을 예상한 강사들은 이러한 주제들을 지극히 일반적인 용어로만 다루었습니다. 세미나는 순조롭게 진행되었으며 세미나 주최자도 이러한 진행 방향에 만족해하고 있었습니다.

갑자기 위글스워스는 그 영혼의 깊은 곳에서부터 동요되기 시작했습니다. 그는 마음속으로 생각했습니다.

'지금 여기 있는 모든 사람들은 하나님의 가장 중요한 부분을 빼놓고 있다. 오순절 사건 때 제자들이 받았던 것과 같은 놀라운 성령의 역사가 있다는 것을 말하지 않고 이렇게 조용하게 입만 다물고 있어야 한단 말인가?'

조금도 당황해하지 않고 그는 자기의 외투를 벗고는 많은 사람들에게 도전을 주기 위해 강단에 올랐습니다. 그리고 말을 시작합니다.

"여러분, 성령 받기 전에 모든 은사를 우리가 가지고 있다면 내가 성령 받았을 때 나타난 방언의 은사는 무엇이란 말입니까? 아니 이미 받았었는데 성령님이 임하실 때 또 내게 나타나는 것은 무엇으로 설명할 수 있을까요?"

계속하여 그의 간증을 들려주기 시작합니다.

"내가 8살 때 감리교회에서 구원을 받았습니다. 영국 성공회 주교에 의해서 구원의 확신을 가졌습니다. 침례교회에서 물속에 완전히 잠기는 침례Immersion을 받았으며 플리머스 브레드린 교회에 다니며 성경공부를 하면서 성경에 대한 기초를 쌓았습니다. 구세군Salvation Army 교회에 다니면서 같이 노

방전도에 참석하며 영혼을 구원하는 법을 배웠습니다. 오순절 연맹Pentecostal League과 리더 해리스 목사님의 가르침을 통해서 성화Sanctification에 대해서 알게 되었고 나 자신도 더욱 성화되어 갔습니다. 믿음으로 성령의 은사를 주님께 간구하면서 10일을 기다렸습니다. 1907년 선더랜드에서 나는 하나님 앞에 무릎을 꿇었습니다. 그리고 사도행전 2장 4절의 체험을 하게 되었습니다. 성령을 받자마자 오순절 마가의 다락방에 모인 사람들의 입에서 방언이 터진 것처럼 내 입에서도 방언이 터져 나오기 시작했습니다. 나의 이 체험은 논쟁의 범주에 들어갈지 모르나 분명히 성경 말씀에 기록된 대로 이루어진 것입니다. 초대교회 때 신자들에게 주신 것과 같이 하나님께서 나에게도 성령을 부어주신 것입니다."

그는 계속 이야 합니다.

"저는 조화Harmony, 연합Unity, 그리고 하나 됨Oneness 다 좋습니다. 그러나 그것들이 하나님의 뜻대로 이루어져야 합니다. 사도행전에 나타난 사도들은 방언으로 말하는 것이 성령으로 충만해지면 밖으로 나타나는 표적이라고 했습니다. 하나님께서 그의 방법을 바꾸셨다고 믿진 않습니다."

위글스워스가 말을 마쳤을 때, 회의장엔 긴장감이 돌았습니다. 의장이 서둘러 회의를 마쳤습니다. 그러나 이미 때는 늦었습니다. 이미 하고 싶은 말들을 다 한 뒤였기 때문입니다.

성령을 받아야 하는 중요성이 종교적 화목을 위하여 축소되어서는 안 된다고 생각하는 위글스워스는 그의 주장을 굽히지 않았습니다.

열정적이고 담대하게 그는 성령을 받을 때 성령님이 말하게 하심을 따라 방언을 하게 된다고 주장했습니다. 계속하여 그는 많은 크리스천에게 건전한 도전을 던진 것입니다.

"항상 준비되어 있어야 합니다. 만약 어떤 기회가 주어졌는데 그때 준비해야 한다면, 이미 때는 늦은 것입니다. 기회 Opportunity는 기다려 주지 않습니다. 심지어 준비하기 위해 기도할 때도 기다려주지 않습니다."

무방비 상태로 있으면 안 됩니다. 항상 다가올 일에 언제든지 곧장 임하도록 미리미리 준비되어 있어야 합니다.

"성령의 충만을 받으십시오. 옷이 비에 다 젖어 버리듯 성령님으로 흠뻑 젖으시기를 바랍니다. 그렇게 완전히 젖어 버리면 여러분의 인생이라는 옷의 실 한올한올은 성령님의 향기로 젖어버리게 될 것입니다. 혹시 여러분의 인생이라고 하는 옷이 벽에 문드러졌을 땐 오직 그리스도의 향기만 드러나게 될 것입니다."

위글스워스의 친한 친구이며 목회자이기도한 마일즈 목사님이 위글스워스가 어떻게 성령님에 의해서 인도받는지에 대해서 이야기한 적이 있습니다.

하루는 위글스워스와 그의 사위인 제임스 솔터가 리즈라고 하는 동네에 사는 마일즈 목사님의 집을 방문했습니다. 대화 중에 갑자기 위글스워스가 두 사람에게 말했습니다.

"하나님께서 지금 내가 일클레이 무어라고 하는 동네로 가라고 하시는군요."

그가 이야기한 일클레이 무어는 마일즈 목사님 집에서 16마일약 25km 밖에 위치한 관광객이 가끔 들리는 아름답고 조그마한 타운town이었습니다.

당시는 전쟁 중인지라 휘발유가 배급되고 있었습니다. 16

마일을 가기에 좀 먼 곳이었습니다. 마일즈 목사님은 그럼에도 불구하고 자기가 운전할테니 함께 가자고 하였습니다.

그들은 어미 소와 아기 송아지 바위라고 불리는 곳에 도착했습니다. 한 사람도 보이지 않았습니다. 그래서 밖에 전망만 구경하며 앉아 있었습니다.

마일즈 목사님과 제임스 솔터는 위글스워스가 분명히 실수한 것이라고 생각했습니다. 그러나 그가 옳았음이 금방 증명이 되었습니다.

등에 짐을 잔뜩 진 한 젊은이가 걸어오더니 위글스워스 옆에 잠깐 휴식을 취하려고 주저앉는 것이었습니다. 곧 그 둘은 대화를 나누기 시작합니다.

이 젊은이는 옛날에 열심히 신앙생활을 하던 자였으나 마치 탕자처럼 한동안 타락의 길을 걷고 있었던 것이었습니다. 위글스워스와 대화 중에 그 젊은이는 심하게 죄의식을 갖기 시작했습니다. 그리고 얼마 후엔 무릎을 꿇고 위글스워스와 같이 기도하며 이 젊은이는 하나님께로 돌아오게 되었습니다. 마일즈 목사님은 나중에 이 상황을 회상했습니다.

스미스 위글스워스 그 능력의 비밀

"그날 일클레이 무어에서 가졌던 우리들의 기도모임은 참으로 놀라운 것이었습니다!"

일클레이 무어에서 기도를 마친 위글스워스는 마일즈 목사님께 이야기했습니다.

"목사님, 다시 목사님댁으로 돌아가시죠. 나는 하나님께서 나에게 하라고 하신 일을 다 완수했습니다."

이 얼마나 놀라운 성령님의 인도하심입니까!

주님은 항상 그때그때마다 위글스워스에게 이렇게 지시하신 것입니다. 주님은 이렇게 중요한 사역에 누구를 보내야 할지를 알았습니다. 바로 그의 충성스럽고 믿음직한 스미스 위글스워스였습니다.

그에게 있어서 하늘 보좌와 지속적인 교제를 유지하는 것과 성령님의 음성에 귀를 기울이는 것만이 그가 할 수 있는 모든 것이었습니다.

이것이 바로 그의 성공의 비밀입니다.

주님이 말씀하십니다.

"예수께서 이르시되 나의 양식은 나를 보내신 이의 뜻을
행하며 그의 일을 온전히 이루는 이것이니라" 요 4:34

위글스워스의 능력의 나눠줌

비록 스미스 위글스워스는 그의 충성스러운 사역에 대한 상급을 받으러 하늘나라에 가고 없지만 그는 훌륭한 사역의 흔적을 남겼습니다. 아벨에게 적용되는 히브리서 11장 4절의 말씀이 위글스워스에게도 임한 것입니다.

"믿음으로 아벨은 가인보다 더 나은 제사를 하나님께 드림으로 의로운 자라 하시는 증거를 얻었으니 하나님이 그 예물에 대하여 증언하심이라 그가 죽었으나 그 믿음으로써 지금도 말하느니라" 히 11:4

위글스워스가 세상을 떠난 후에도 하나님께선 여전히 위글스워스가 했던 사역을 다른 사람들을 통해서 계속 이루어 갔습니다.

내 형이 위글스워스를 보기 위해서 그의 집으로 갔습니다. 하늘 고향으로 가기 위해서 위글스워스는 막 떠날 채비를 하고 있었습니다. 위글스워스는 그의 손을 내 형에게 얹고는 이 초자연적 하나님의 사역을 감당하도록 위임을 내렸습니다.

그리고 예언하기 시작했습니다.

"일주일이 지나기 전에 자네에게 내가 했던 일과 동일한 하나님의 하시는 일들이 드러날 걸세."

내 형은 그냥 묵묵히 그 자리를 떠났습니다.

일주일이 채 가시지 않아 나의 형이 급히 병원으로 와 달라는 요청의 전화를 정형외과 의사로부터 받게 되었습니다.

형이 목회하는 교회의 교인인 돕슨씨가 일하다 심한 상처를 얻은 것입니다. 돕슨씨의 두 손과 어깨는 심하게 부서져 내렸습니다. 그러나 그는 수술을 계속 거부하고 있던 터였습니다. 의사의 요청대로 형은 병원으로 갔습니다.

의사는 수술을 거부하고 주님이 고치실 것이라고 고집하는 돕슨씨를 어찌할지 몰라서 형에게 이 상처가 얼마나 심각한 것인가를 좀 설명해 달라고 요청했습니다.

의사 말에 의하면 상처부위가 지금 썩어들어가고 있으며 당장 수술하지 않으면 생명에 위협이 있다고 이야기했습니다. 그렇지만 형은 돕슨씨를 위해서 기도하는 길을 택했습니다. 이틀 후에 돕슨씨는 완전히 고침 받고 다시 일터로 나갈 수가 있게 되었습니다.

이 소문이 전 지역에 퍼졌습니다.

며칠 후 주일날 돕슨씨의 병 고침 받은 소식을 들은 젊은 여인과 그녀의 어머니가 아기를 데리고 저녁 집회에 왔습니다. 이 아기는 두 눈이 없는 상태로 태어난 완전 소경이었습니다.

설교를 마친 형은 혹시 기도를 부탁하고픈 사람이 있는지 물어보았습니다. 그때 이 젊은 여인과 그녀의 어머니는 형에게 아기의 상태를 설명해 주었습니다.

형은 두 눈을 감고 이 아기를 위해서 기도하기 했습니다.

형이 기도를 마치고 두 눈을 떴을 때 그 아기의 얼굴엔 완전히 새로운 두 눈이 어느새 만들어져 있었습니다. 바로 이 아기는 그 무서운 고통에서 해방된 것입니다.

위글스워스가 말한 대로 일주일이 지나지도 않아 형에게 하나님의 하시는 일들이 이루어진 것입니다. 이것은 성령님의 권능을 받은 위글스워스가 이 놀라운 사역을 다른 이에게 나누어준 예가 됩니다. 형은 82세의 나이로 죽을 때까지 하나님의 능력의 사역을 지속하다가 주님께로 돌아갔습니다.

초자연적 사역 Supernatural Ministry을 다른 사람에게 위임하는 위글스워스의 다른 예가 내 아들이 3살 반이었을 때 일어났습니다. 위글스워스는 그의 손을 내 아들에게 얹고는 이 초자연적 사역을 감당하도록 위임기도를 했습니다. 내 아들이 너무나 어렸기에 그때 그 일을 기억할 수 없었습니다. 그러나 그 증거는 분명했습니다.

이 나눠줌 Impartation의 축복은 수많은 사람에게서 더러운 귀신이 쫓겨나가고 병이 나음으로써 내 아들에게 이루어진 것입니다.

최근에 유고슬라비아에서 집회 중이던 아들에게 어린 소녀가 인도되어 왔습니다. 이 어린 소녀의 한쪽 눈은 전에 뾰족한 막대기에 찔려서 완전히 망가져 있었습니다. 보이는 것이라고는 하얀 흰자위 부위밖에 없었습니다. 그는 손을 얹고 기도를 해주었습니다. 기도를 마쳤을 때 그 눈은 완전히 새 눈으로 회복되어 있었습니다.

또 최근에 암으로 고생하던 한 여인이 아들의 기도를 받자마자 고침을 받았습니다. 그녀의 병 나음을 확인해본 병원 측에서 병이 완치 되었음을 확증을 해주었습니다.

다음은 많은 사람들의 죄들이 내 아들에게 드러난 몇 가지 경우 중 하나입니다. 이러한 일들은 성령의 은사 중 지식의 은사로 분류될 것입니다.

이 남자분은 내가 교회에서 아주 잘 아는 분입니다.

그는 교회를 위해서라면 무엇이라도 할 수 있는 준비가 된 사람이었습니다. 그러던 어느 날 하나님께서 이 남자가 아내와 3명의 자녀들을 교회에 데려다 놓고는 13살 된 여학생을 차에 데리고 가까운 공원에 가서 정사를 벌인 후 다시 예배차 교회에 온다는 것을 내 아들에게 알려주셨습니다. 은밀히 이 일을 책망받은 이 남자분은 모든 사실을 부인했습니다.

며칠 후에 하나님께서 내 아들에게 환상을 통해 보여주신 것과 같은 내용의 기사가 신문에 실렸습니다.

"아직 법적 나이가 안 된 여학생과 불법정사를 벌인 유부남이 7년 형을 선고받다."

바울은 로마사람들에게 보낸 그의 서신서에서 무슨 신령한 은사를 나누어주는 것에 대해서 기록하고 있습니다.

> "내가 너희 보기를 간절히 원하는 것은 어떤 신령한 은사를 너희에게 나누어 주어 너희를 견고하게 하려 함이니" 롬 1:11

기도하러 성전에 올라가던 베드로와 요한이 구걸하는 앉은뱅이를 만났습니다.

> "베드로가 이르되 은과 금은 내게 없거니와 내게 있는

이것을 네게 주노니 나사렛 예수 그리스도의 이름으로

일어나 걸으라 하고" 행 3:6

이처럼 우리는 우리 있는 것을 나누어 줄 수 있는 것입니다. 이 사건을 언급하면서 위글스워스는 이야기합니다.

"그는 돈을 구했지만 대신 다리를 받은 것입니다."

그는 그가 가진 것으로 나누어줬습니다.

3살 반된 아이에게 손을 얹고 기도한 후 몇 년이 지나서 위글스워스에게 나타난 사역이 이 어린아이에게도 나타나는 이 얼마나 놀라운 경험입니까!

누가 이 나눠줌의 사역을 의심할 수 있을까요!

위글스워스는 뛰어난 하나님의 권능을 가진 평범한 일꾼이었습니다. 스미스 위글스워스는 갔습니다. 그러나 그의 사역은 여전히 우리 가운데 남아 있습니다. 그 어느 누가 감히 이 놀라운 하나님의 사역을 멈출 수 있단 말입니까?

스미스 위글스워스 그 능력의 비밀

수정 4쇄	2023년 4월 24일
지은이	알버트 히버트
옮긴이	김유진
펴낸이	장사경
해외마케팅 국장	장미야
편집디자인	최복희

펴낸곳   Grace Publisher(은혜출판사)

주소 서울 종로구 숭인 2동 178-94
전화 (02) 744-4029 팩스 (02) 744-6578
출판등록 제 1-618호.(1988. 1. 7)

ⓒ 2008 Grace Publisher, Printed in Korea
　　ISBN 978-89-7917-075-7　　03230

이 출판물은 저작권법에 의해 보호를 받는 저작물이므로 무단 전재와 무단 복제를 할 수 없습니다.